奈良県立大学
ユーラシア研究センター学術叢書シリーズ3
vol.4

奈良でゾロアスター教

奈良県立大学ユーラシア研究センター編著

（国際フォーラム［2023年11月25日開催］での
プロジェクター映像より）

祭式①　パミール高原

（国際フォーラム［2023年11月25日開催］での
プロジェクター映像より）

祭式②　イラン

祭式③　インド

祭式④　拝火杯を用いた祭式「Boi」

はじめに

「奈良」でゾロアスター教？

昔々、今から何千年も昔の物語です。紀元前17世紀から11世紀（だいたい紀元前15世紀ころとしましょうか）、世界の屋根と呼ばれるパミール高原の東側、現在の中央アジア・タジキスタンのあたりに「ザラスシュトラ」という人物が出現し、それまでの伝統的な多神教から、（拝）一神教への宗教改革に乗り出しました。

このザラスシュトラを、後のギリシアの歴史家たちが「ゾロアステレス」と呼び、それが英語転訛されて「ゾロアスター」――ドイツ語読みにすると、かの有名な「ツアラトゥストラ」――となりました。

このときザラスシュトラ（ゾロアスター）が改革した一神教の宗教が、ゾロアスター教と呼ばれるのですが、彼は自分（ゾロアスター）を拝めと言ったわけではなくて、崇拝の対象とした神はアフラ・マズダーのみ。なので、本来はゾロアスター教ではなく、「アフラ・マズダー崇拝教」と呼ぶのが正しいと思われます（…が、ここでは相変わらず「ゾロアスター教」とします）。

また、日本では「拝火教」とも呼ばれますが、アフラ・マズダー以外が崇められることはないので、「火」が崇拝されることもない。火は神の代理物として大事にされ、火を焚くとともに立ち上がる煙も、天上の神（アフラ・マズダー）と人とをつなぐものとして大切にされていますが、そちらが信仰の本質ではありません。

2023年11月に開催したフォーラムのポスターやチラシなどでも「拝火儀式の再現」と書いてしまっていますが、「拝火」という言い方は、これ以降使わないようにしようと思っています。

このゾロアスター教が南下西進し、やがてサーサーン朝ペルシアの国教となるのが、紀元後3世紀～5世紀。直線距離にして南西方向に約2000キロ、1500年くらいの時間をかけて伝わったわけです。身体に苔が生えるとされるナマケモノよりも格段にスローな動き（1／30以下！）ですから、パミール高原あたりのローカルな信仰がペルシアの国教へと変容するにあたって、途中の国や地域の習俗・風習をたっぷり身につける時間はあったでしょう。

さらに7世紀ごろからイスラームのプレッシャーが強くなると、これに負けじと教義や世界観を論理性でブラシュアップしていくようになります。無念にも劣勢挽回には到らず、10世紀になると多くのゾロアスター教徒はインドに渡っていきました。彼らゾロアスター教ディアスポラは、ペルシアから来た人を意味する「パールスィー」と呼ばれ、ムンバイに集住するようになりました。これが目下世界最大のゾロアスター教徒の集団となっています。

乾燥したイランと湿潤なインドとでは、環境に応じた変化も生じたでしょう。例えば、ゾロアスター教特有の建造墓を指す「ダフマ」は、インドで見られる巨大な「沈黙の塔」が有名ですが、これはペルシアの時代には別々であった納骨所と遺体置き場を一体化した施設です。19世紀以降、富を蓄えたパールスィーたちが、インドの気候に応じて建てるようになったものなのです。

ゾロアスター教の基本原理は「アフラ・マズダーへの信仰」。これが創唱者（教祖）・ゾロアスターが示した教義の根幹です。この教義を言葉にしたものが基本法典の「ガーサー」、そしてセレモニー化したものが「ヤシュナ」と呼ばれる諸儀式です。この三者は一体不可分ですから、ゾロアスター教がアフラ・マズダーを崇拝する信仰であるかぎり、基本法典の記述や基本の儀式が大きく変化するとは考えられません。

一方、信仰の本質が人々の救済である以上、そこで暮らす人々により添いながら「周辺的な部分」をいくぶん変容させていくことも、自然なことと言えます。

私たちがゾロアスター教研究で強く意識しているのは、ゾロアスター教の地域移動に伴う「変化」です。

本書は昨秋奈良県立大学ユーラシア研究センターが主催した国際フォーラム「奈良でゾロアスター教」（２０２３年11月25日）をベースに加工・編集しました。

第Ⅰ部では、動画や実演で３つの地域――創唱の地・パミール高原（タジキスタン）、国教となったイラン（テヘラン）、現在最大の集住地・インド（ムンバイ）――のゾロアスター教関連の儀式の様子を確認します。これを踏まえて最後の第Ⅲ部では、宗教の本質と変容について、研究者数人がディスカッションを行います。中間の第Ⅱ部は、気鋭の専門家による最新研究成果の報告です。内容はそれぞれ独立していますが、本書がテーマとする宗教の移動に伴う変化などを考える上で、役に立つ知見がたくさん含まれていると思います。

最初に、カラー写真でゾロアスター教関連の儀式を見ていただいたと思います。このあと創唱の時点から今日一般に認識されている教義への変遷についてあらためて確認し、その上で儀式の説明を受けることにしたいと思います。

（編集責任者　中島敬介）

〈注記〉

本書は、奈良県立大学ユーラシア研究センターが主催した国際フォーラム（2023年11月25日）の内容（一部）を書き起こしたものと客員研究員からの寄稿、及び中島敬介（編集責任者）作成の文章で構成されています。一部、前著シリーズ1、2の内容を再録しています。いずれも発話者・筆者個人の見解によるもので、所属する団体組織等の意見を代表するものではありません。フォーラムにおける英語での発表・発言は、中島が趣旨に沿って適宜変更・加除を加えて日本語訳したものです。発話者の見解に一部訳者・中島の理解が含まれています。所属・肩書きは発表時点のものです。

固有名詞の表記や事実関係については、基本として発話者・筆者の意向を尊重しました。翻訳・編集にあたって、適宜問い合わせや文献調査で補いましたが、完全なものとなっていないかもしれません。読者のみなさんのご諒解を乞うとともに、ご指摘・ご教示をお待ちします。

表記・用字は日常用いられるものを基本としています。

本文中、肩付き数字の該当部は、上段で注記しました。

掲載の図版等は発話者・筆者の提供によるもののほか、編集責任者が用意したものです。一部所在不詳等のため事前連絡できていないものが含まれています。お心あたりの方は、編集責任者までご連絡ください。

（編集責任者　中島敬介）

〈目次〉

ゾロアスター教「教義の本質と変遷」

中島　敬介
Keisuke Nakajima

	10B0	10B1	10B2	10B3
0	𐬀 10B00	𐬐 10B10	𐬠 10B20	𐬰 10B30
1	𐬁 10B01	𐬑 10B11	𐬡 10B21	𐬱 10B31
2	𐬂 10B02	𐬒 10B12	𐬢 10B22	𐬲 10B32
3	𐬃 10B03	𐬓 10B13	𐬣 10B23	𐬳 10B33
4	𐬄 10B04	𐬔 10B14	𐬤 10B24	𐬴 10B34
5	𐬅 10B05	𐬕 10B15	𐬥 10B25	𐬵 10B35
6	𐬆 10B06	𐬖 10B16	𐬦 10B26	
7	𐬇 10B07	𐬗 10B17	𐬧 10B27	
8	𐬈 10B08	𐬘 10B18	𐬨 10B28	
9	𐬉 10B09	𐬙 10B19	𐬩 10B29	𐬹 10B39
A	𐬊 10B0A	𐬚 10B1A	𐬪 10B2A	𐬺 10B3A
B	𐬋 10B0B	𐬛 10B1B	𐬫 10B2B	𐬻 10B3B
C	𐬌 10B0C	𐬜 10B1C	𐬬 10B2C	𐬼 10B3C
D	𐬍 10B0D	𐬝 10B1D	𐬭 10B2D	𐬽 10B3D
E	𐬎 10B0E	𐬞 10B1E	𐬮 10B2E	𐬾 10B3E
F	𐬏 10B0F	𐬟 10B1F	𐬯 10B2F	𐬿 10B3F

アヴェスター文字(一部)
unicodeより抜粋

はじめに

ゾロアスター教の創唱時期は紀元前１５００年ごろ。創唱の地はパミール高原。創唱者はザラスシュトラ・スピターマ（ゾロアスター）。時期については、多少の——数世紀の——幅を見る必要はあるが、現時点では、ほぼこれで確定している。

教義の根幹は「アフラ・マズダー信仰」である。「火」は神（アフラ・マズダー）の代理であり、かつ神と信者とがつながる手段であることから、火を焚いて祈りを捧げる。これも揺るぎなき事項である。

だが、もう一歩踏み込むと「一神教」と「善悪二元論（したがって二神）」とが対立し、同じ「一神教」の内部でも、最高神の入れ替わりがあった。この葛藤を収める智恵は「時間軸」だろう。ザラスシュトラの創唱から9世紀に教義が公に確定するまで、2500年近い時間が流れ、2000キロメートルを超えて移動(波及)している。いかなる金科玉条も不変のままではいられない。まして宗教の本質が人の心の救済とすれば、その時・その場にいる人こそが大切であって、頑固に教条を守り抜くより、中核的コンセプトだけは死守し、余のことは大らかに見て、時代や地域の環境や価値観、伝統や習俗に寄り添うことが、むしろ自然の成り行きと言える。

ゾロアスター教の場合、中核的コンセプトは「アフラ・マズダーへの信仰」。これこそゾロアスター教の根本原理であり、預言者ザラスシュトラが示した教義の根幹である。

このザラスシュトラの教義を言葉にしたものが「ガーサー」、教義をセレモニー(儀式)化したものが「ヤスナ」。この教義と儀式の二者さえ堅持すれば、ゾロアスター教すなわちアフラ・マズダー崇拝教のコンセプトは揺るがない。乱暴に約言すれば、こうなる。

アフラ・マズダーへの崇拝さえあれば、後は野となれ山となれ。

この視点に立って、教義の「変遷」を見ていこう。

1：古層『アヴェスター』

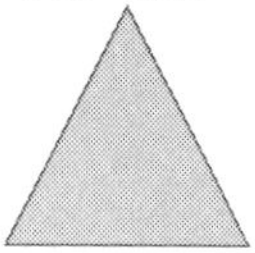

1．ザラスシュトラ創唱の教義 ──善悪を超越した唯一神・アフラ・マズダー

紀元前1500年ころの創唱期。ゾロアスター（ザラスシュトラ）の念頭には宗教としての体系整理はなかった。今日ゾロアスター教の特徴とされる「拝火」も「ハオマ」も「曝葬」も「近親婚」も、脳裡の片隅にすら浮かぶことはなく、ひたすらアフラ・マズダーの「善なる教え」への服従を求めるだけだった。

それから1000年後。紀元前500年ころ「創唱期」の世界観（ゾロアスターの教義）として整理された内容は、アフラ・マズダーは原初の世界（宇宙）に秩序を与えた「神」であるということだった。

善・悪を超越し、自らの秩序化によって生み出された「善の霊的存在（スペンタ・マンユ）」と「悪の霊的存在（アンラ・マンユ）」との闘争に戸惑う──ちょっと頼りなげな──唯一神である。

2．多神教世界との融和

ゾロアスターの没後、教団の生き残りや布教の拡張も目指されて、伝統的な多神教世界との妥協が図られた。これに伴いアフラ・マズダーの性格は「善神」というかたちで明確化される。

善神がいる限り悪神もいなければならない。アフラ・マズダーの対抗軸として悪

2：後期『アヴェスター』

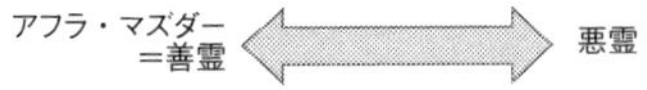

3：サーサーン王朝時代

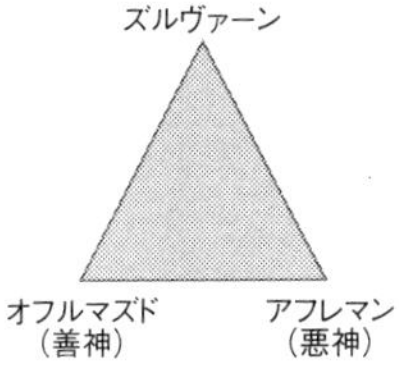

神中の「悪神」（アンラ・マンユ）が出現する。「悪」ゆえに「善」に屈するのは確実のせつない役割だが、悪神の立場上已むを得ないものと甘受された。

結果として、アフラ・マズダーは自ら「善の霊的存在（スペンタ・マンユ）」を率いて、悪神及び配下の「悪の霊的存在」軍団と――確実に勝利の約束された――戦いを行う存在となる。神格は善と悪の二神だが、敗北確実の悪神を崇拝する者は滅多にいない。事実上、創唱期における「アフラ・マズダーを一神として崇拝する」構造は、維持されている。

3．異教と混じって三神構造――最高神・ズルヴァーン

画期となるのは、住み慣れた故地を離れ、ペルシア目前の地で異教（メディア王国のマギの宗教）と出会ったことである。このあたりで曝葬や近親婚の――風変わりで、広く受け容れられそうにない――宗教慣習が埋め込まれ、時間を司る「ズルヴァーン」という特異な神が浸入してくる。これとの同化・習合の過程をすすみながら、ゾロアスター教はペルシアに入っていく。

紀元後3世紀、ペルシア帝国（サーサーン朝）の「国教」となったゾロアスター教は、ズルヴァーンに支配されていた。3世紀の異教徒（マニ教を創始したマーニー・ハイィエー）が記すところによると、「『創唱期』の世界観」が換骨奪胎され、かつてのアフラ・マズダーの地位に、「時間神」ズルヴァーンが就き、アフラ・マズダー（オ

4:イスラーム紀

フルマズド）はズルヴァーンが生み出した「善神・弟」の地位に下がり、同じくズルヴァーンから生まれた「悪神・兄」のアンラ・マンユ（アフレマン）と軍団対決する構造となる。

このシチュエーションでは「最高神」はズルヴァーンである。だが善・悪二神を生み落としただけで、すぐさま世界から消えていくので、崇められるいとまもない。「悪神」がライバルとして残るが、これも先と同じ理由で、崇拝の対象とはならない。アフラ・マズダーは神格こそ、最高神の地位から序列三位に陥落するが、崇拝の対象としての唯一性は維持されているのである。

4. 最後に善悪二神の二元論

このズルヴァーンを頂点とする三神格構造は、5～6世紀の『アヴェスター』編纂期に放棄された。理由はわからない。ズルヴァーンが役不足を不満として退場したのでなければ、ゾロアスター教（国教）神官が、ズルヴァーン抜きでも教義は成立すると気づいたのだろう。この時期の教義構造は不明だが、その発想がかたちを整え、9世紀の「パフラヴィー語文学ルネサンス」を経て、公定化される。ズルヴァーンを葬り去った後、ペルシア帝国（サーサーン朝）後半の国教・ゾロアスター教では、次のような完全な「善悪二元論」の世界観が構築されていた。

原初から善神・アフラ・マズダーは天空で輝き、悪神・アンラ・マンユは闇黒の地底にいた。これに気づいた悪神は激怒して善神に戦いを挑み、善悪混合の世界と

鳥葬場

なった。

善の勝利は確実なのだが、それが「いつ」かはわからない。善神なれども全能でなかったアフラ・マズダーは「永遠」の戦いを回避するため、時間の有限化を「悪」に提案した。強力なるも無能な悪神はこれを受諾し、ここにおいて有限時間内の「悪」の敗北が決定した。

この善悪の戦いに、地上の世界も巻き込まれる。人間は自動的に「善」に服従することとされるのだが、華々しい活躍は許されない。出来ますことはと言えば、身体いっぱいに「悪」を溜めこんで死ぬことぐらいである。地上世界の中心であるインド・イラン人(アーリア人)が住む土地(アルヤナ・ワエージャフ、のちサーサーン朝ではエーラン・シャフルと呼ばれる)は、清浄が保たれなければならないので、悪に満ちた死骸はいったん曝葬(鳥葬)されなければならない。ただし、それ以外の異教——異郷——の地は、汚れても気にされないから安心して土中に埋めて良いのである。

善悪戦争終結までの有限時間は9000年とも12000年とも言われる。ザラスシュトラの創唱期直前に戦闘が始まったとしても、あと6000〜9000年ほどで片が付く。人間がゴミ収集袋の代わりをするのも、もう少しの辛抱である。

このような世界観(教義)が、イスラームの脅威が迫っていた7世紀ごろからつくりあげられていったことに、留意する必要がある。ムスリムが振りかざす剣の下には、明晰な論理を備えた「クルアーン」が潜んでいた。ここにも完全無欠の「唯一神」(アッラー)が、完璧な「善」でもあると説かれている。

イスラームのハイ・セオリーに対抗するには「一神論」を否定しなければならなかった。神が全能で唯一かつ善ならば、なぜに世に「悪」が存在できるのか、と問うしかないからだ。だがこの反駁は「唯一の善神・アフラ・マズダー」の教義を固守しては成り立たない。そういう君たちはどうなんだと逆捩じをくわされる前に、イスラーム下のゾロアスター教神官たちは、「善悪二神の二元論」に鞍替えしたのである。ザラスシュトラ創唱以来の「アフラ・マズダー一神への信仰」は固守したままで。

アヴェスター文字の墓碑銘

おわりに――教義の本質

神の数がいくつであれ、信仰対象はアフラ・マズダー神のみ。このアクロバティックな論理こそ、深遠なるゾロアスター教思想の真骨頂である。だが柔軟思考や懐の深さで、イスラームの進撃が防げるはずもなく、ゾロアスター教徒の多くはイランを脱出し、ディアスポラとなった。

現在最大の信徒集団居留地(コロニー)はインド・ムンバイにあり、ペルシアから逃れ出た人という意味の「パールスィー」――の子孫――と呼ばれている。貿易・金融業で財を成した富有家も多い。なお、兵庫県・神戸の外国人墓地には、複数のゾロアスター教徒の墓石がある。アヴェスター文字で刻まれた墓碑銘は――おそらく――ここだけに見られるものである。

想像もできないほど長大な時空間の中で、教義は幾多の変遷を遂げてきた。しかしゾロアスター教的センスで言えば、そんな理屈は瑣事に過ぎない。アフラ・マズダーへの信仰は、未来永劫、ザラスシュトラの趣き深い「詩文」――ガーサー――を唱えてさえいれば、こと足りるのだ。言葉の意味など分からずとも。

【主な参考文献等】
青木健『新ゾロアスター教史』（２０１９）刀水書房
青木健『ゾロアスター教』（２００８）講談社
メアリー・ボイス『ゾロアスター教』（２０１３）講談社
伊藤義教訳『原典訳 アヴェスター』（２０１２）筑摩書房
フリードリッヒ・W・ニーチェ、佐々木中訳『ツァラトゥストラかく語りき』（２０１５）河出書房新社
The Encyclopaedia Iranica (https://www.iranicaonline.org/, 2022.09.29閲覧)

Ⅰ. ゾロアスター教の祭式

パミール高原の古習——「ノウルーズ」の行事

キャミラ・マジュルノーヴァ
Kamila Majlunova

結婚の儀礼

みなさん、こんにちは。タジキスタンから参りましたキャミラ・マジュルーノヴァです。

中央アジアには、火と関係する慣習や伝統がたくさん残っています。例えば、タジキスタン北部のアイニ（Aini）やゴーンチ（Ghonchi）といった地域、ウズベキスタンのサマルカンドやブハラの結婚式では、花嫁が花婿の家に入るとき親戚や近所の人たちが庭の焚き火の前で輪になり、歌やメロディに合わせて、火の周りをくるくる回って踊ります。これは花嫁を新しい家族の一員として迎える儀式で、1度で終わらず3回続けられます。結婚での火を用いた儀式は、花嫁と花婿に幸福や富そして情熱的な愛が消えないようにと願うものです。

このように火は「縁起の良いもの」と見做されており、このことはゾロアスター教で大切にされている火が、今なお中央アジアの各地で神聖視されていることを示しています。

今回ビデオにしてお持ちした行事は、タジキスタンで私が撮影したものですが、パミール高原やタジキスタンとアフガニスタンにまたがるバダフシャーン地域、中国の新疆ウィグル自治区のタシュクルガンでも行われているものです。

イラン暦の新年（ノウルーズ〔Nowrūz〕）にあたる「春分」の行事で、日没後から翌日の午前中にかけて行われます。

夜になると「我が顔の黄色を赤に変えよ（Zardi-i rūyamro bigir, surkhi-i rūyamro bideh）」と唱えながら、みんなで運び込んだ大量の杜松の木（ジャニパー）の薪《たきぎ》に火を放ちます。この唱文は「人々から全ての心配事や痛み、悲しみを取り除き、邪悪を防ぎ、幸福と喜びがもたらされるように」との祈りです。
薪が燃えさかると、火の上を飛び越える「アロブパラク（Alovparak）」という儀式が行われます。これには老若男女を問わず希望者は誰でも参加できます。余談ですが、新年の行事には女性だけに参加が許された行事があります。スクリーンには、女性がブランコ——オーチャカボーティー——に乗っているシーンが映っていましたが、それもその一つです。

さて、お祝いに関連する行事は前後の数日間も行われ、その期間に火を用いるときは衣服の切れ端を「悪霊は去れ」を意味する「バロホラフト（Baloho Raft）」と唱えながら、焼べていきます。

お祭りの最終日に行われるのが「シロバクスト（Cirovakthed）」、家庭などで蝋燭を並べて点す行事です。用いられる蝋燭は杜松の木と木綿、オリーブオイルでつくる特別なものです。ロッシュタカラ地方のバロジ（Roshtqal'a Baroj、タジキスタン領のバダフシャーン地域内）では、このタイプの蝋燭の炎が日常的に用いられています。

中央アジアにおける火の儀式は、イスラームが入ってくる以前に存在していました。ゾロアスター教の神聖な火は文化や伝統として根づき、全ての家は囲炉裏を設け、家の外では禁じられた儀礼を家の中の囲炉裏を使って行いました。バダフシャーン地域では暖炉は今なお神聖な場所として扱われています。

宗教的にはイスラームであっても、バダフシャーン地方やタシュクルガン地域の火に関連する慣習と伝統は、今もゾロアスター教の影響を残しています。その最も興味深い儀礼は、この地の葬送儀礼です。詳しい報告は他日に譲りますが、朗読される詩はムスリムの葬儀に相応しくコーランから得られているものの、その執行の方法は、古来のゾロアスター教文化を継いだ「火」の儀礼なのです。

葬送儀礼

イランの祭式——ガーハンバール（Gâhanbâr）

サルワル・タラポーレワーラー
Sarvar Taraporwala

奈良・日本のみなさん、こんにちは。イランのゾロアスター教神官、サルワル・タラポーレワーラです。

私たちイランのゾロアスター教徒にとって、もっとも身近な祭式が「ガーハンバール」です。ゾロアスター教の聖典『アヴェスター』において、祝祭は季節とともにあります。私たちは1年を6つの季節に分け、各季節（その長さは均等ではありません）の節目の日に、ガーハンバールと呼ぶお祝いの行事を行います。

ガーハンバールのそれぞれの日は、イラン歴の元日（ノウルーズ／春分の日）とともに、ゾロアスター教徒にとって重要かつ神聖な日となっています。なぜかというと、これらの祝日が、アフラ・マズダーの7つの「創造」に、順序よく対応付けられているからです。ガーハンバールの第一のお祭りでは「天」の創造を祝います。そして第二のお祭りは「水」、第三は「地」、第四は「植物」、第五は「有益な動物」、第6は「人間」で、それぞれの創造をお祝いしていくのです。そして新年の日にあたる春分の「ノウルーズ」日には、すべての生命のもとになる「火」の創造が祝われます。

先に述べたようにガーハンバールは『アヴェスター』に定められていますが、その起源はゾロアスター教以前に遡ります。多くの研究者は、より古い時代のインド・イラン人（アーリア民族）の伝統的・文化的習俗が、『アヴェスター』に取り込まれることによって、ゾロアスター教の祭式となっていったと考えています。

「ガーハンバール」の日、私たちは仕事を休み、みんなで集まって礼拝をします。その後はお供えした食物やワインを分かち合います。私たちにとって「ガーハンバール」は、地域の人々の親睦を深めるためのお祭りでもあります。老若男女、そして富める者も貧しき者も「ガーハンバール」の集会への参加が奨励されます。

この祭式の場における人々の親睦には、「慈善(Dahesh、寄付行為)」が伴っています。慈善を施すことは、ゾロアスター教徒にとって重要な信念となっています。慈愛とともに慈善は、アフラ・マズダーの主要な教えの一つです。人生を豊かさと世界の繁栄は、人々の慈善を通して実現すると、私たちは確信しています。古くから続いている「ガーハンバール」は、季節を祝うお祭りであると同時に、私たちが慈善を実践できる場でもあるのです。

今回は残念ながら、奈良のフォーラムに出席できず、リモートでの参加ですので、十分なご説明ができていないかもしれません。お許しください。

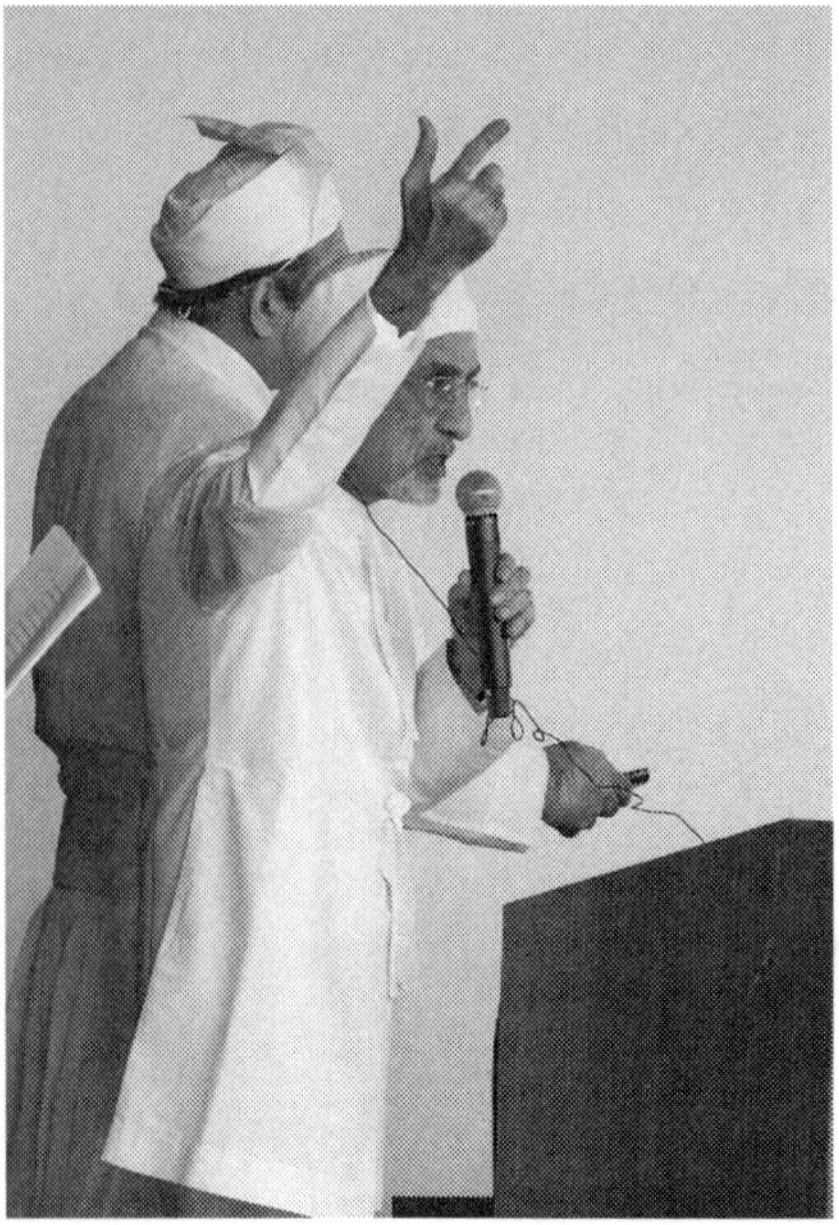

インドの祭式――ジャシャーン（Jashan）

パルヴェーズ・M・バジャーン & ダラユス・バジャーン
Parvez Minocher Bajan ／ Darayus Bajan

みなさん、こんにちは。インド・ムンバイから参加しましたゾロアスター教神官のパルヴェーズ・バジャーンと息子のダラユスです。

私たちは「ジャシャーン」という祭式について、ご説明します。

ジャシャーンとはアヴェスター語で「お供えを伴う儀式」を指し、私たちゾロアスター教徒（パールスィー）にとっては、宗教施設外で行われる重要な礼拝儀式の全てを意味しています。

ジャシャーンでは慶弔が問われることはなく、例年の季節のお祭、入信儀礼（ナオジョテ）・結婚式といったお祝いの行事として行われるほか、死者を悼む葬儀として執り行われることもあります。歴史的に重要な記念行事として行われることももちろんありますが、一般には、誕生日や記念日、家の新築・引っ越しのお祝いといった、「感謝の祝祭」という意味合いが強くなっています。

したがって、実施の時期が決まっているわけではありませんが、ゾロアスター教暦でアフラ・マズダーの月とされる「ダエ（Dae）／10月」が好まれています。

「ジャシャーン」ではさまざまな儀式が長時間に亘って行われますが、その中でとくに重要な役割を担うのが8種類の「花」です。司祭（儀式を執行する神官）と補助司祭は、祈祷を唱えながら、特徴的にアレンジした花を礼式に則して取り交わしていきます。これには「Hamazore Hama Ashobad（多様な結びつきによって力を得て、共に働き、正義が実現しますように）」との願いが込められています。花だけでなく、柄杓やトングの扱い、掌の動きなどすべての所作が、この願いを表しています。

このような「ジャシャーン」は、大きなホールを祭場とすることが多いのですが、それは「ジャシャーン」への参加がゾロアスター教徒にとって――神の祝福や教えを受ける――「有徳」の行為とされ、たくさんの人々が参列するからです。

事前に身を浄めた参列者は、司祭からサンダルウッド（白檀）の小木（約15センチメートル）を手渡され、祭儀後には火にくべるよう促されます。さらにチャーシニ（Chashini）と呼ばれる――お供え物（主に果物）を共に食する――儀式に参加することで親睦を深めていきます。

「ジャシャーン」は何よりも神への感謝と神からの祝福を受ける祭式ですが、参列者にとっては具体的な訓戒や教示を得る場でもあります。それは、アフラ・マズダーが創造したすべての生きものや環境と協働し、調和して生きていくこと、そして良い考えを持ち、良い言葉をつかい、良い行為を実践すること。これこそが神（アフラ・マズダー）に捧げるべきものだということを知るのです。

Ⅱ・研究発表

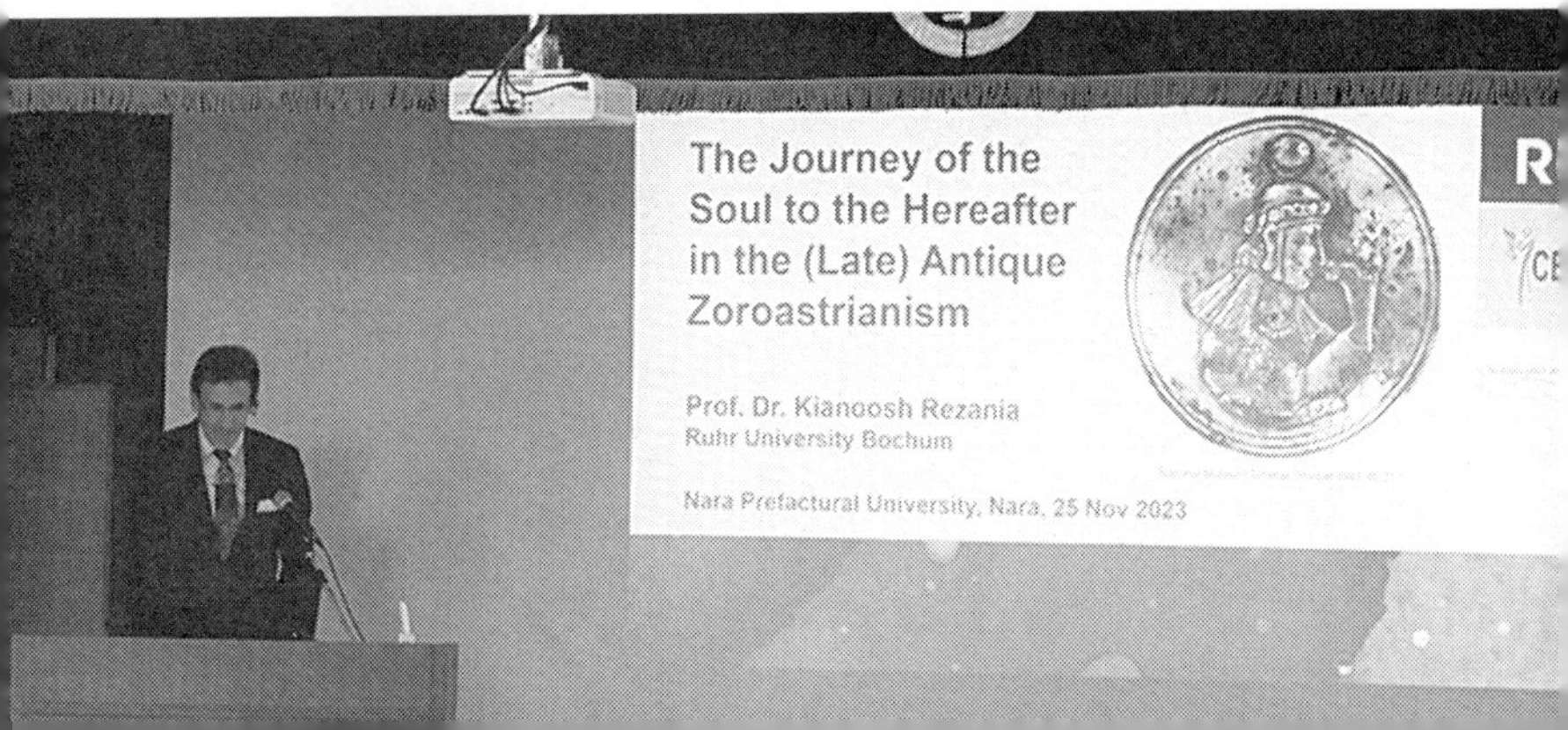
The Journey of the
Soul to the Hereafter
in the (Late) Antique
Zoroastrianism
Prof. Dr. Kianoosh Rezania
Ruhr University Bochum
Nara Prefactural University, Nara, 25 Nov 2023

パールスィー（インドのゾロアスター教徒）の信仰

パルヴェーズ・バジャーン
Parvez M. Bajan

はじめに――今日に息づく信仰

私たちパールスィーにとって、信仰は特別なものではなく、日常生活と切り離して考えることができません。敬虔で高潔な生活を送るための――物心両面における――必須要素です。

信仰は、個人の生活ばかりでなく、コミュニティ（社会）や国家においても重要な意義を持っています。信仰をなくした社会――敬虔さと高潔さを欠いた社会――は、発展はおろかついには滅びてしまうと考えています。

遙か遠い昔、預言者「ザラスシュトラ」が現れ、現実を超越した神「アフラ・マズダー」への信仰を唱えました。その教えが普及してゾロアスター教となりました。

本日は、私たちパールスィーが、預言者である教祖／神／教義をどのように認識し、それらへの信仰をどのように実践しているかを、お話ししたいと思います。

1．預言者・ザラスシュトラ

世界で最初に「（拝）一神教」を主唱・布教した預言者が、ザラスシュトラ・スピターマです。彼はアフラ・マズダーを全知全能の最高神と位置づけ、この神への揺るぎない信奉を説きました。

ザラスシュトラは、信仰が人々の恐れや怯えの気持ちを取り除き、活気と勇気を与えること、知性だけでは乗り越えられないことも、信仰心があれば克服できること、そして個人の規律正しい倫理的な生活によって、神を直観する――直接感じることができる――能力が育まれると説きました。

ザラスシュトラの教えは、日々の生活規範となる倫理にとどまらず、諸科学の大系さらに物質・精神の両世界に関する神学に及んでいます。彼は自らの豊かな知識を、個人の理解力に応じて教授する能力を持っていました。教えに帰依する者が増えていったのは、彼の篤い信仰心や祈祷の効力も否定できませんが、論拠をきちんと示して神の教えを伝えることができたからです。

アフラ・マズダーの教えは、ザラスシュトラによって「聖なる真実」となりました。その教説の多くは、後発の諸宗教――ユダヤ教やキリスト教、イスラームなど――でも採り入れられています。その意味で、ザラスシュトラは神が人類を救済するために使わした、最初の預言者と言えるでしょう。

ザラスシュトラは私たちと周囲の環境、神や宇宙との多様な関係を詩文にし、自ら朗唱しました。それらは「ガーサー」と呼ばれ、現存する最古の「アヴェスター」文献に記録されています。もちろん過去の遺物ではありません。後継の神官たちの祈祷や文献を通して、原形のまま今日まで継承されています。「ガーサー」には、すべての人の心に敬虔な信仰心が生き続けますように、そういうザラスシュトラの切なる願いが込められています。

2. 神・アフラ・マズダー

私たちにとって、唯一の信仰対象はアフラ・マズダーです。数多の精霊（スピリット）の中で最も慈悲深い精霊とされ、「精霊の中の精霊」とも呼ばれます。「アフラ」とはアヴェスター語で「生命を司る者」、「マズダー」は「全知全能の神」です。この二つの語が組み合わされて、全宇宙（精神世界・物質世界）で唯一の創造主、統括者を意味します。

私たちは、アフラ・マズダーがこの世に存在するすべての事物を「正しく」創造し、その「正しい」行動・行為の法則も定めたと考えています。透徹した眼ですべてを見通し、人々の考えること・話すこと・その行動のすべてを「正しく」認識し、「正しい」審判を下す存在です。宇宙で唯一の全知全能の決定者ですから、その認識や審判にあたって間違いが起こることはありません。

アフラ・マズダーが最初に行ったことは、光で「天」を満たすことでした。光に満ちた天と同様に、アフラ・マズダーも光や栄光に満ちた存在です。燃えさかる太陽はアフラ・マズダーの象徴となっています。また燃えさかる「火」も、彼の「子（分身）」または代理を意味するものとして大切にされます。

3. 教義の中の「火」

ゾロアスター教の教義は、広範かつ詳細に亘りますので、ここでは――皆さんも

関心をお持ちであろう――「火」に限定してお話ししたいと思います。

初期のアーリア人は、祖先であるインド・イラン系民族から受け継いだ聖火信仰を、定住先のイラン高原に持ち込みました。ゾロアスター教の成立以前に諸々の王がイランの聖火を崇拝したという伝承が数多く語り継がれています。10世紀のイスラームの著述家たちも、ゾロアスター教以前の時代に聖火を祀った場所が約10カ所あったと書き残しています。「火の祭（Jashan-E-Sadeh）」は、今日もイラン・インドの各地で行われています。

預言者ザラスシュトラは、それ以前の聖火信仰を洗練させ、新たな教義を盛り込みました。神が創造した全ての要素の中から、「火」を信仰手段の最高位に位置づけました。聖典『アヴェスター』では、どのような「火」も、「火（熱）」を司る精霊も、等しく「アータル」の語が用いられています。火（と光り輝くもの）は日常生活に直接関わり、信仰の上でもさまざまなかたちで重要な役割を担っています。

もちろん、火を特別視する宗教はゾロアスター教だけではありません。世界中の多くの宗教で「火」は重視されています。しかし特にゾロアスター教の場合、火はアフラ・マズダーの輝ける象徴であり、「代理」と見做されています。ゾロアスター教の儀礼において火は不可欠です。火なくしてゾロアスター教の祭式儀礼は執行できません。祈りは火に向かって行われ、私たちは火を媒介として、アフラ・マズダーと結ばれます。

道徳的な「善」についても、火へ敬意を通して測られます。神の代理である火を正しく扱えば、豊かな食物や英知、健康、注意深さ、良い子孫、名声がもたらされ

ます。一方、そうでない行為、例えば息で火を吹き消すこと、死体を火で燃やすことは、許されません。紀元前500年頃のアケメネス朝の王が、別の王の死体を火葬して国民の怒りを買ったという伝承が残っています。

『アヴェスター』では、火は5種類に分けられています。神からの「慈悲の火」／「生命の火」／日常の「薪の火」／空からの「雷光の火」／「永遠の火」です。最後の火はそれ以外の火とは区別される「聖火」。拝火神殿で燃え続ける火は「聖火」の中でも最高ランクの火です。なお拝火神殿は、儀式のためだけの施設ではありません。聖火が燃え続け、神のエネルギーという「霊的なもの」が常に生成されていることを実感し、それを体得する場です。現在インド・ムンバイなどに8箇所、イランに1箇所の計で9箇所存在しています。どれも、しっかりとした石台の上に、大きな金属製の杯が置かれています。また、拝火神殿には例外なく井戸があり、地中の深いところから水を揚げています。清めた水は、火の儀礼に欠かせません。拝火神殿が造られる場所の条件の一つは、清浄な水が手に入るところです。

4. 祭式の作法

繰り返しになりますが、火は「神」ではありません。ゾロアスター教徒は火の「前」で拝んでいるので、火を崇拝していると考えられがちです。しかし、現実世界にある「火」はアフラ・マズダーの創造物に過ぎません。水や植物、動物また、私たち人間と同じように、神が創ったものです。

神（アフラ・マズダー）に喩えて良いものなどはありませんが、敢えていうなら、「火」よりも「光」に喩えた方が良いかもしれません。しかし、光も目には見えません。その光を可視化したものが「火」です。神を敢えて光に喩え、それをさらに目に見えるものに仮託したものが「火」です。「神への崇拝」の実体化が、「火を大切に扱う」という態度です。ペルシアには「火とは、全能の神への崇拝の象徴である」という箴言があります。

火の前に立つ私たちゾロアスター教の神官は、人々がその火を通してアフラ・マズダーと交信できるように、全身全霊を込めて祈りを捧げます。祭儀の際は立ったままで火を燃やし続けます。息や唾液がかかって火が汚れないように、パダン（Padan）と呼ぶ白いマスクで口を覆います。焚《く》べる用材は香木の白檀（Sandalwood）。これも素手で扱うことはありません。このような態度が、火の前に立つ神官や教徒の敬虔さと清らかさ、そして慎み深い拝礼であることを保証するのです。火の光の中に身を置くことで、心身及び魂が浄化されると考えています。

5. 重要な儀式――ナオジョテ（Navjote）

ナオジョテは、キリスト教の堅信式と同じような位置付けにあり、パールスィーは男子も女子も例外なく経験する――しなければならない――儀式です。この入信式を終えることで、パールスィー社会の成員となることができます。つまりナオジョテで、祈りその他の宗教的な慣習・規律に従うことを誓わないと、ゾロアスター教

徒とは認められません。ナオジョテはゾロアスター教徒にとって、もっとも重要な儀式と言えます。

一般には7歳の子どもの行事ですが、教徒としての責任を全うできるほど成長していない場合は15歳を上限として、この儀式を延期することができます。イランでは、5歳からこの儀式に備えた教育が始められます。

「ナオジョテ」とは「新しい」と「祈りを捧げる者」という、二つの意味が合わさった言葉ですが、この同じ入信儀礼をイランのゾロアスター教徒たちには「セドラ・プーシャン（Sedra-Pushan）」（「聖なる衣服を着用すること」）と呼ばれています。

その「聖なる衣服」というのがゾロアスター教徒の伝統的な着衣、「スドラ」という白いシャツと「クスティ」という帯です。ナオジョテとは、極論すれば、スドラとクスティを身に着ける儀式と言うこともできます。ゾロアスター教徒にとって、スドラとクスティを身に着けることは日々の祈りや祭式よりも先に必要な「儀式」と言えます。

ナオジョテを経てゾロアスター教徒（パールスィー社会の成員）となった者は、生涯、スドラとクスティを着用し続けなければなりません。沐浴をするとき以外は、常に身に着け、自分の身体から3歩以上離れたところに置いたままにすることはありません。スドラもクスティも、悪が体に入ってくることを防ぐための衣服、体を守ってくれるバリアなのです。

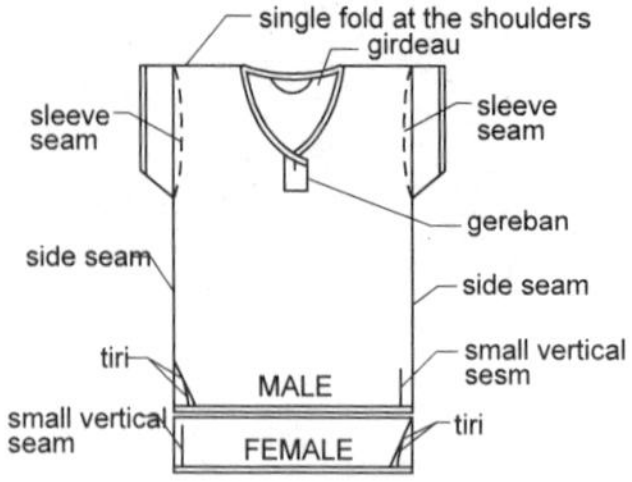

スドラのパーツ（名称）

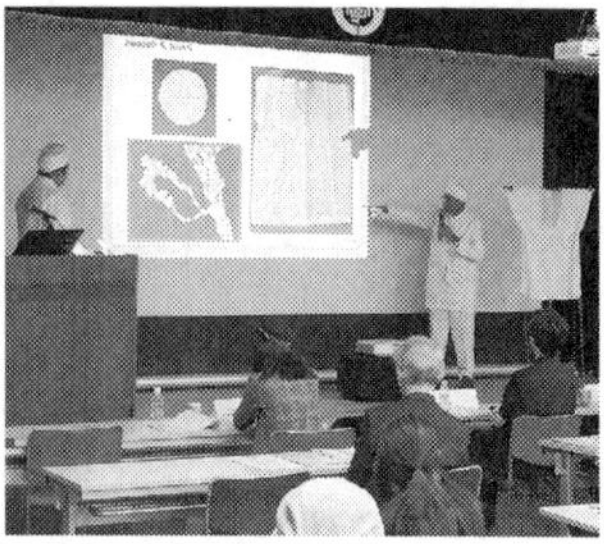

スドラ Sudreh

「スドラ」という言葉は、「良心の源」あるいは「幸先の良い道筋」という意味と、「扱いやすい服」という二つの意味を持っています。「マルマル」という綿の白布を、白の綿糸で縫い上げたものです。白は純白・純潔の象徴であり、ゾロアスター教のシンボルカラーでもあります。

スドラは、表が5つ、裏が4つの合計9パートに分かれ、それぞれに（「Gereban」・「Girdeau」等の）名称が付されています。その中で最も大切な部分とされているのが「正しいものの場所（「Gereban」）」です。これには「忠実・信仰」の意味もあり、「善行のポケット」とも呼ばれます。自分がこの世界で行ったこと（善行）の全てが、この「ポケット」に入ります。ゾロアスター教徒は、スドラを直接、素肌に着て、死ぬ時もスドラ（とクスティ）以外は、何一つ身に着けません。もちろん財貨も持っていけません。ゾロアスター教徒は「正しいものの場所」に「善行」だけを入れて、死後の世界に旅立ちます。これがスドラという衣服の最も重要な意味と役割です。

クスティ Kusti

クスティは、腰に（三重に）巻く帯です。スピンドルを使って子羊から72本の糸を紡ぎ出し、これを6つの束に撚《よ》り分けて作ります。子羊のウール（糸）は「純潔・純粋」を表しており、クスティにはバラモン僧が身に着ける「聖なる紐Janoi」と同じような意味があります。

「クスティ」の語源は、「その道の聖なる方向を示す」という意味の「クス」という

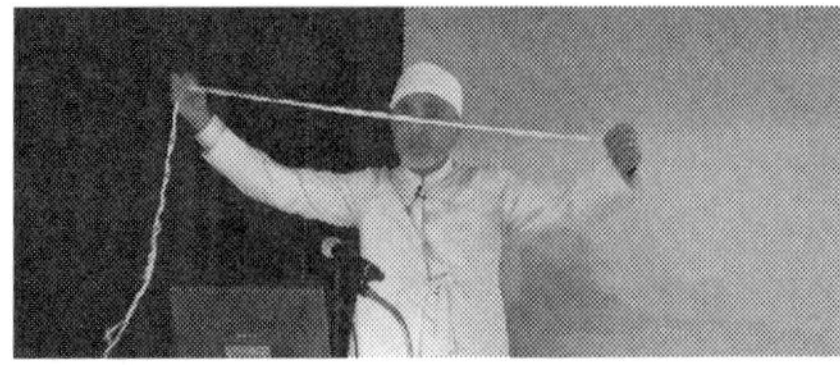

クスティを持つバジャーン

言葉です。クスティ自体は、ゾロアスター教が形成される以前からのインド・イラン民族の習俗であったと考えられています。神聖なクスティを身にまとう伝統が、信仰に取り入れられたのです。

「クスティ」を巻くことは、ゾロアスター教徒として信仰に入り、正しい方向に導かれて、世界のため、神のために尽くす用意ができた、ということを（象徴的に）意味しています。クスティには、神の祝福を受けると同時に、心の中に悪い影響が入ってくるのを防ぐ、シャッターのような役割があります。教徒は（スドラとともに）常に身に着けていなければなりません。

またクスティには「神の前で高い理想を掲げる」という意味もあり、巻く位置は、身体の真ん中です。これは下半身から上半身に「悪」が上ってくるのを防ぐ意味を持っています。話すこと、見ること、聞くことを司るのは上半身です。ここに下半身から「悪いもの」が入ってこないように、下から入ってきた悪いものが心を乗っ取ることがないように、身体の真ん中に巻きます。

前と後ろに「結び目」があります。この「結び目」は、重要なクスティの中でも、とりわけ重要な部分とされています。

儀式の準備

ナオジョテを行う前、子どもは「不死」を象徴するザクロの葉を食み、ニラン（Nirang白い雄牛の尿）を3回に分けて飲みます。その後、子どもの身体を浄める沐浴の儀式（「ナーンNahn」）が行われます。

沐浴を済ませると、子どもは新しい白いパジャマを着てペルシアのスリッパを履き、上半身にウールのショールをかけ、トピ（Topi）という帽子をかぶり、神官に導かれて一段高い場所に座ります。

次のような品々がトレイに載せて用意されています。（1）新品のスドレとクスティ、（2）白米、（3）花、（4）加熱したバターの上澄みを燃料とするランプ、（5）白檀と乳香が焚かれた吊り香炉、（6）ザクロの粒、ブドウ、アーモンド、ココナッツのスライス数枚。

儀式ではまず、新しいスドラが子どもに手渡され、神官が贖罪の祈り（パテートPatet）を唱え、子ども祈りの言葉（ヤター・アフー・ワイリョー Yatha Ahu Vairyo）を唱えます。

信仰の宣言（Dīn-Nō Kalmo）

神官は前に立つ子どもの両手を取り（パイワンド〔Paiwand〕）、子どもとともに信仰を宣言します（ディン・ノー・カルモー〔Dīn-Nō Kalmō〕）。

さらに子どもと一緒に祈祷を唱えながら（アフナワール〔Ahunawar〕）、神官は子どもにスドラを着せ、クスティを3回巻きます。

信仰の告白（Jasa Mē Avanghē Mazda）

スドラとクスティを身につけると、子どもは信仰の告白――生涯、アフラ・マズダーを最高神とするゾロアスター教を信仰すると宣言――します。

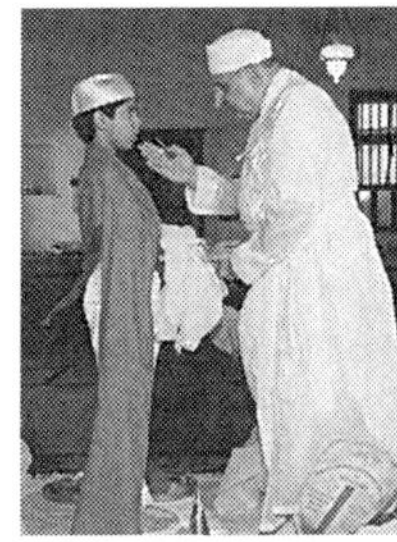

これがナオジョテで最も重要な場面です。告白は概ね次のような内容です。

私はゾロアスター教徒です。ゾロアスター教を信仰することを誓います。善い行いをし、戦いなどは行いません。また、協調を尊重します。そして、全ての宗教の中で、将来いかなる宗教が生まれたとしても、ゾロアスター教が最も素晴らしい宗教であると信じます。アフラ・マズダーから全ての素晴らしいことが起こることを信じています。

神官は子どもに、自分の善き考え、善き言葉、善き行いが素晴らしい効果をもたらすことを信じるよう諭します。パールスィーは、自分の考えや言葉、そして行いが純粋なものであるように注意を払わなければなりません。ゾロアスター教が最も重視する道徳が守られているかどうかは、その人の考え／言葉／行いの3つが、すべて善きものであるかどうかで決まるのです。

最後の祝祷（Doā Tan-Dōrōsti）

信仰の告白を終えると、神官は花の冠をかぶった子どもの額に「Kumkum」と呼ばれる「印」を描き、花輪を首にかけてあげます。子どもがココナッツ、花、ビンロウの実、キンマの葉、キンマの実と氷砂糖を手に取ると、神官は立ったまま祝祷（Tandorosti）を唱え、米、ココナッツ、バラの花びらを子どもの頭上に散らします。最後に、神官全員と家族のみんなが集まって、祝福のための祈りが行われます。

このときの祝福は、子どもや家族だけではなく、儀式に参加した人たち、コミュニティ、そして全世界の人々に対して向けられます。ゾロアスター教徒になるというのは、家族やコミュニティ、世界に対する貢献の責任を負うということでもあるのです。

会食

儀式が終わると、みんなで食事をします。ゾロアスター教では、一切食事に制限はないので、自由に食事を楽しむことができます。幸福になりたければ、まず他の人を幸福にしなければならないというのがゾロアスター教の信条であり、ゾロアスター教徒の精神です。私たちパールスィーは、食べること、楽しむことがとても好きです。幸せなことに、断食をすることもありません。ゾロアスター教徒は食事もお酒も楽しみ、幸福を追求します。たくさんお金を稼ぐ人はいますが、そのような人は、同時にたくさんのお金を寄付します。他の人々も幸福になってほしいと考えるからです。他の人を幸福にすることで、自分も幸福になる、それがゾロアスター教徒（パールスィー）の昔から変わらぬ考え方なのです。

おわりに

私はインド・グジャラートの拝火神殿で、ゾロアスター教神官としての叙任を受けました。私の父も兄弟も、11世紀に建てられた拝火神殿で神官となりました。私たちはパールスィーと呼ばれていますが、インドの言葉で「ペルシアから来た人々」を意味しています。10世紀ごろ、イランにアラブが侵攻するとゾロアスター教徒は迫害を逃れ、船でアラビア海を渡ってインド・サンジャン（Sanjan）に到着し、住み着きました。

インド国立図書館やムンバイ東洋博物館には、ゾロアスター教に関する多くの文献が収蔵されています。

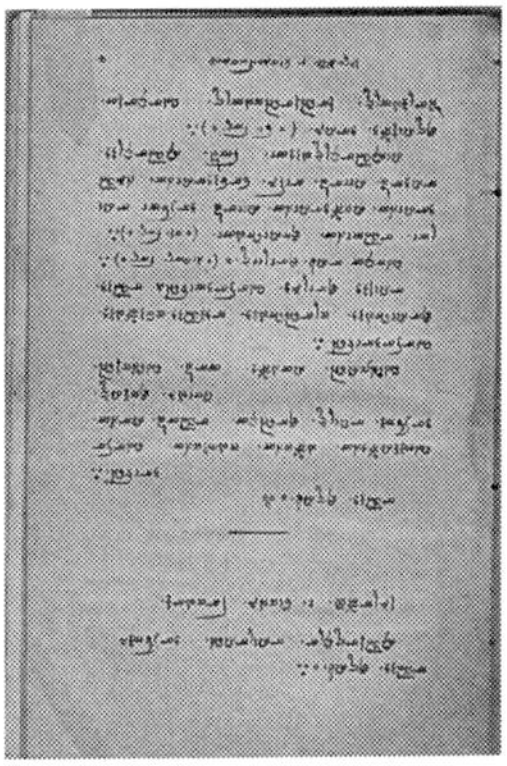

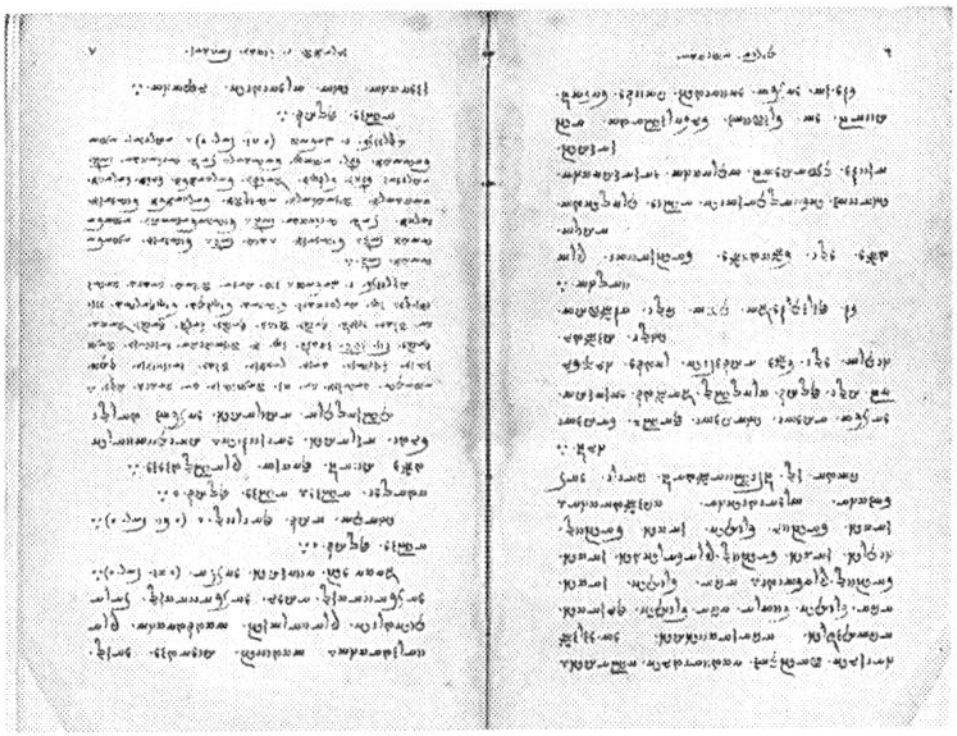

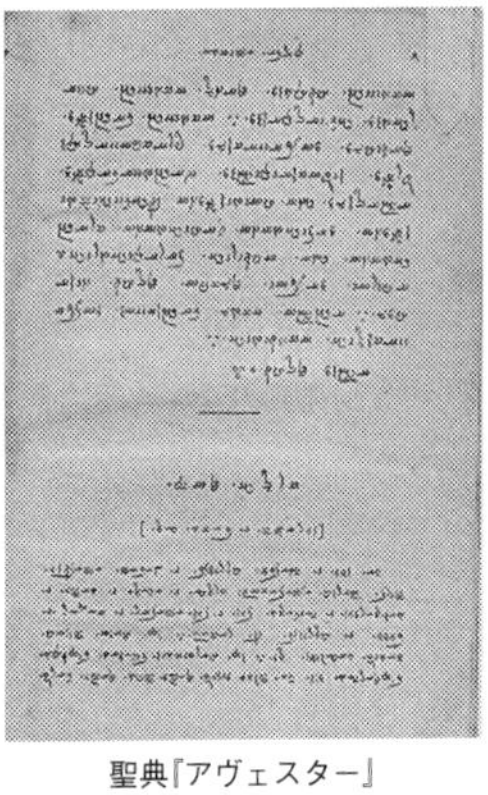

聖典『アヴェスター』

最後にお祈りをさせてください。

アフラ・マズダーの息子である聖火よ、この地においても永遠に燃えたまえ、そして光を放ちたまえ、力強い世界の復活のときまで、アフラ・マズダー、全能の神よ。

奈良と日本の全ての皆さまに、永遠の幸あらんことを祈り続けます。

イラン系民族の「火の道」

青木　健
Takeshi Aoki

1．イラン系民族宗教、ゾロアスター教、「拝火儀礼」

本発表の趣旨は、嘗てイラン系民族が足跡を記したユーラシア大陸の中で、彼らの痕跡を辿り、それが古代日本まで到達している可能性があるかどうかを検討することです。話しの順序として、イラン系民族の「足跡」の具体的内容から始めます。

イラン・インド系民族宗教

一般に、イラン系アーリア人とインド系アーリア人が分離する以前の紀元前2000年紀の彼らの原始宗教は、「イラン・インド系民族宗教」として括ることができます。そのイラン・インド系の民族宗教では、しばしば聖火の崇拝が行われていました。現在その痕跡が最も顕著なのは、インド系民族宗教であるヒンドゥー教の「アグニ・ホートラ祭」、あるいはヒンドゥー教から派生した仏教の一種である密教の「護摩（ホーマ）」です。一方、最大のイラン系民族宗教であるゾロアスター教の間でも「ヤスナ祭式」が行われており、クルド人のヤズィード教でも聖地ラリシュで拝火儀礼が行われています。ここまで時代が下ったあともなお共通項を維持しているということは、イラン・インド系民族宗教から派生した諸宗教の儀礼面での特徴の最大公約数が、「拝火儀礼」と言えそうです。

このイラン・インド系の民族宗教は、セム的一神教のような聖典中心型の宗教、組織宗教を形成したことがほとんどありません。良く言えば時代と状況に応じてダイナミックに変容してきたし、悪く言えばアモルフな不定形のままに留まりました。

19世紀以降の学問体系の中では、同じ「宗教」の名の下に分類されるイラン・インド系民族宗教とセム的一神教ですが、質的には両者の間にかなりの懸隔があります。セム的一神教基準でイラン・インド系民族宗教を分析するのは、時々誤解を生む元になっているような気がします。

イラン系民族宗教の特徴

私が知る限りでは、サーサーン朝ペルシア帝国時代のゾロアスター教が、イラン・インド系民族宗教の中ではほとんど唯一、組織宗教を形成しかけたものの、7世紀のアラブ人イスラーム教徒の侵攻を受けて崩壊しました。しかし、そのサーサーン朝で形成されかけた（まだ完成はしていなかった）ゾロアスター教教義は、イスラーム初期の9世紀～10世紀に「アフラ・マズダー崇拝」、「二元論」などの形で集大成され、インド西海岸に亡命したパールスィーとイラン中央部に残ったギャブルたちの間で継承されました。

この状況を、キリスト教が支配的になった19世紀から見れば、イスラーム初期に形成されたゾロアスター教教義が、あたかもイラン系民族宗教全般を代表するかのように捉えられました。誰よりも、生き残っていたゾロアスター教徒自身がそのように主張したものだから、逆にそれに該当しないイラン系民族宗教の痕跡は、単なる土俗的習慣として切り捨てられるに至りました。この理解が、西アジアや中央アジアでは、しばしばイスラームという公的宗教の下部で生き残ってきたイラン系宗教の痕跡を等閑に付することに繋がりました。

火の道

私は、イラン・インド系の民族宗教を特徴づける紐帯は、教義や組織ではなく、儀礼――特に拝火儀礼――にあると思います。そして、明確な教義を伴わない拝火儀礼は、セム的一神教のイスラームなどと両立できるので、その習慣自体は近現代まで存続が可能でした。(注1)私たちは、このような痕跡を発掘することによって、かつて存在したであろう「火の道」を復元することが出来ます。

しかし、この方法論は、同時にイラン系民族宗教とインド系民族宗教を区別できないという問題を含んでいます。この点は、東アジアに焦点を当てる本発表の論旨に関して、議論を過度に複雑にします。例えば、上述の密教を例に挙げましょう。密教の「護摩」は、起源を辿っていけばヒンドゥー教へ、更に遡ればイラン・インド系民族宗教にまで行き当たります。もちろん、イラン系民族宗教とインド系民族宗教は、紀元前2000年紀にまで遡れば一つの宗教ではあったし、そこまで議論の外延を拡大すれば、ゾロアスター教と密教の遠い縁戚関係を述べることは出来ます。だが、それは、曽祖父が共通だからと言って、再従兄弟同士の共通性を強調するような議論になるでしょう。ゾロアスター教と密教は、「祖先を同じくする遠い親戚」程度の関係でしかありません。

そして、ゾロアスター教の再従兄弟たる仏教や密教は、奇しくもシルクロードを通って日本にまで将来された。いわば、シルクロードを通って日本にまで東進してくる「火の道」は、予めイラン系の「火の道」とインド系の「火の道」に二分されて、

注1．興味深いのは、20世紀以降、まさにこの点を突いて、ゾロアスター教徒と自称する人々が出現している点である。その一例が、カリフォルニア州サンタアナのZarathushtrian Assemblyである。ここでは、タジキスタン人ムスリム、アゼルバイジャン人（アーゼリー人はトルコ系の筈だが）ムスリム、クルド人ヤズィード教徒、イラン人ムスリムなどが、先祖がゾロアスター教徒だった（と想定される）ことを理由に、ゾロアスター教徒を名乗っている。ソ連崩壊後の「タジク人の覚醒」については、Bekhradnia 1994参照。

それが絡み合っているのです。後者の要素が仏教に混入して日本文化に影響を与えたのは、余りにも周知の事実です。この発表では、仏教や密教に纏わる「火の道」と、イラン系民族宗教の「火の道」を見極め、後者の古代日本への到達状況に焦点を絞ります。

附言するなら、プロメテウス神話のように、火に纏わる神話は世界各地に見出せます。日本国内でも、大分のケベス祭(注2)や久留米の鬼夜(注3)が、天界から火を齎す文化英雄を表象する日本版プロメテウス神話として有名です。しかし、これを無理にゾロアスター教と関連させて説明する必然性は無いように感じられます。イラン系民族宗教という文脈から離れて、「火の祭り」のワンフレーズだけで全ての拝火儀礼をゾロアスター教と結び付けていったら、ゾロアスター教はあっという間に人類の普遍宗教になるでしょう。

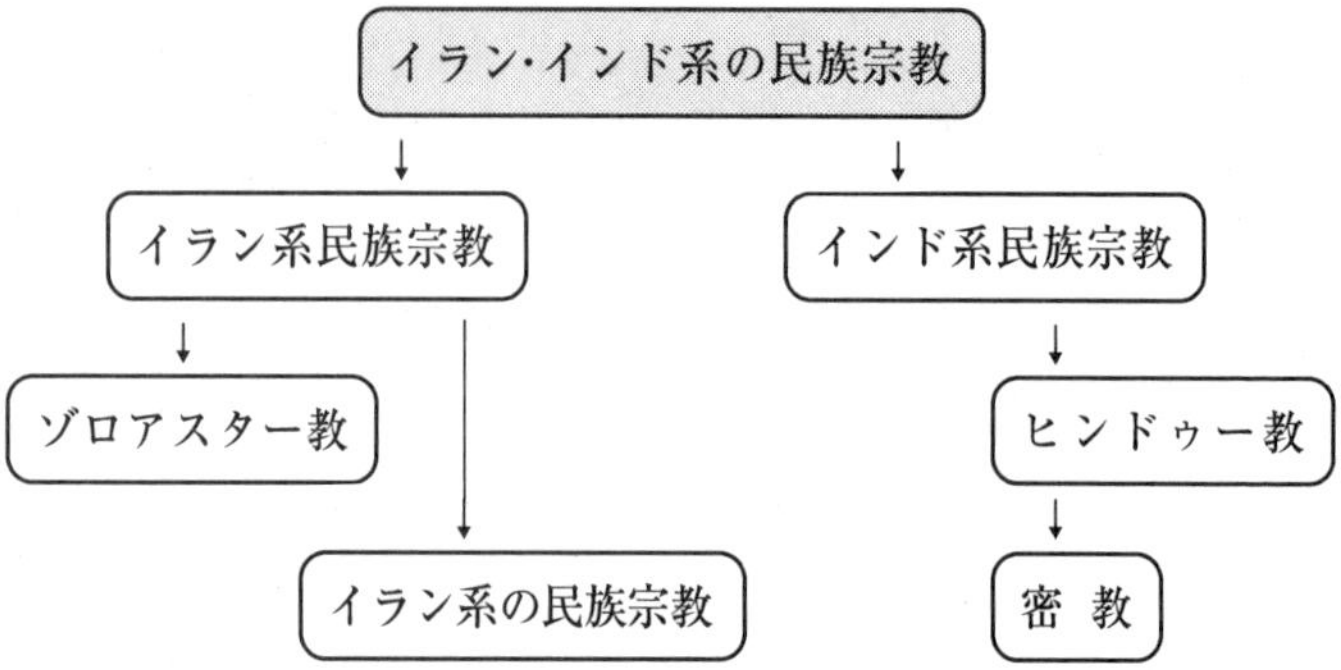

図1.「火の道」の概念図

注2．大分県国東市国見町で伝わる10月の火祭り。
注3．福岡県久留米市で伝わる1月の松明祭。

図3. トビリシの拝火神殿遺跡（2023年9月16日撮影）

図4. カヘティ州ネクレシの伝・ゾロアスター教拝火神殿遺跡（Wikipediaより）

図2. グラクリアニのアケメネス朝時代の拝火壇

以下では、ユーラシア大陸の過半に当たる地域で活動したイラン系民族が残した拝火儀礼の痕跡として、下記の4つをご紹介したいと思います。

・5世紀～7世紀のトビリシの拝火神殿遺跡
・数十年前まで実践されていたパキスタン・フンザのワヒー人の拝火儀礼
・現在でも実践されているタジキスタン・パミールの拝火儀礼
・7世紀の寧夏回族自治区固原のソグド人墓の拝火儀礼の痕跡

2. グルジアの拝火神殿

グルジア人はイラン系民族ではありません。しかし、アケメネス朝時代からサーサーン朝時代には、断続的にイラン文化の強い影響下にあり、拝火神殿と見られる遺跡が幾つか発見されています。

最も古い例は、グラクリアニ遺跡(Grakliani)で出土したアケメネス朝時代の遺跡です。トビリシ大学のヴァフタング・リチェリ氏(Vakhtang Licheli)によると、これは拝火段遺跡であるとのことです。

最も有名なものは、トビリシ市内にある「最北の拝火神殿」です。トビリシ市内のナリカラ要塞に登る山の中腹にあり、現在ではグルジアの国家文化財に登録されています。ノルウェー政府の援助によって修復されたので、内部はかなり整っています。

もう一つは、カヘティ州(Kakheti)ネクレシ(Nekresi)にある建物の基壇部分です。この遺跡の上部構造物は、内部の陶器の破片から、2世紀から3世紀に築造され、5世紀に破壊されたことが判明しています。しかし、その用途には不明な部分が少なくありません。発掘当初はゾロアスター教拝火神殿と考えられていたものの、夏至と冬至に適合した設計から、太陽崇拝のミトラ教神殿ではないかと再考されました。

3. パキスタン・フンザの拝火儀礼

パキスタン・フンザに居住するワヒー人は、東イラン語系の言語を話す民族集団です。近縁民族に、アフガニスタンのワハン回廊にいるワハン人、タジキスタンのゴルノ・バダフシャン州にいるパミール人、中国新疆ウイグル自治区タシュクルガンにいる(他称)タジク人(実際にはパミール人)などがあります。

4．パミール／タシュクルガンの拝火儀礼

バギヴ（Baghiv）村には、拝火神殿が2つあります。ムルガーブでも、別の拝火神殿がロシア人考古学者によって発掘されています。

5．寧夏回族自治区固原のソグド人墓

658年に現在の寧夏回族自治区固原に埋葬された史道洛は、本来はキシュ（現在のウズベキスタンのシャフリ・サブズ）から移住してきたソグド人です。その墓は、20世紀末に日中合同調査隊によって発掘され、その成果は、日本語版としては『唐史道洛墓　原州聯合考古隊発掘調査報告1』、原州聯合考古隊（編）、勉誠出版社、1999年、中国語版としては『唐史道洛墓　寧夏文物考古研究所叢刊之二十五』（中国語版）、北京：文物出版社、2014年に見ることができます。

私が、日本側の副隊長を務めた菅谷文則氏（1942～2019、当時は滋賀県立大学教授で、後に橿原考古学研究所所長）から伺ったところによると、この史道洛墓の中に拝火儀礼の痕跡があります。

『唐史道洛墓　原州聯合考古隊発掘調査報告1』、原州聯合考古隊（編）、勉誠出版社、1999年には、以下のようにあります。

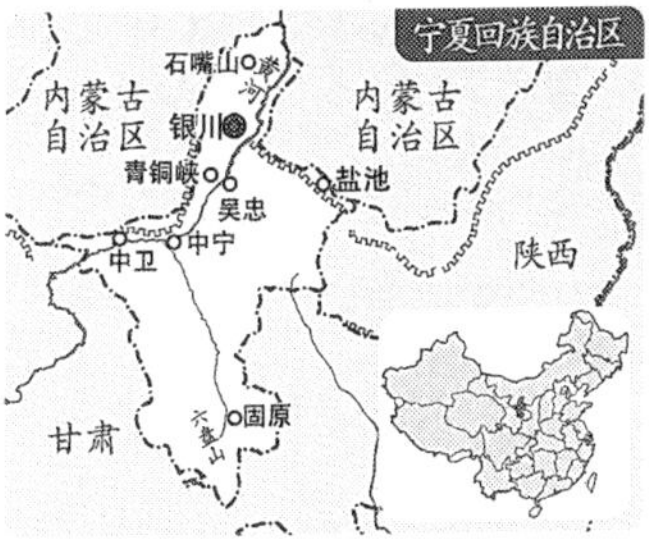

図5．固原の位置

第4天井西側床面に紅焼土と炭化物が一定の広がりをもって検出されており、ここで火を焚いて、何らかの祭祀が行なわれたものと考えられる。（p.75）

また、

甬道北東側の墓室に近い床面からは紅焼土が検出され、ここでも火を焚いて何らかの祭祀が行われたことが確認できた。（p.81）

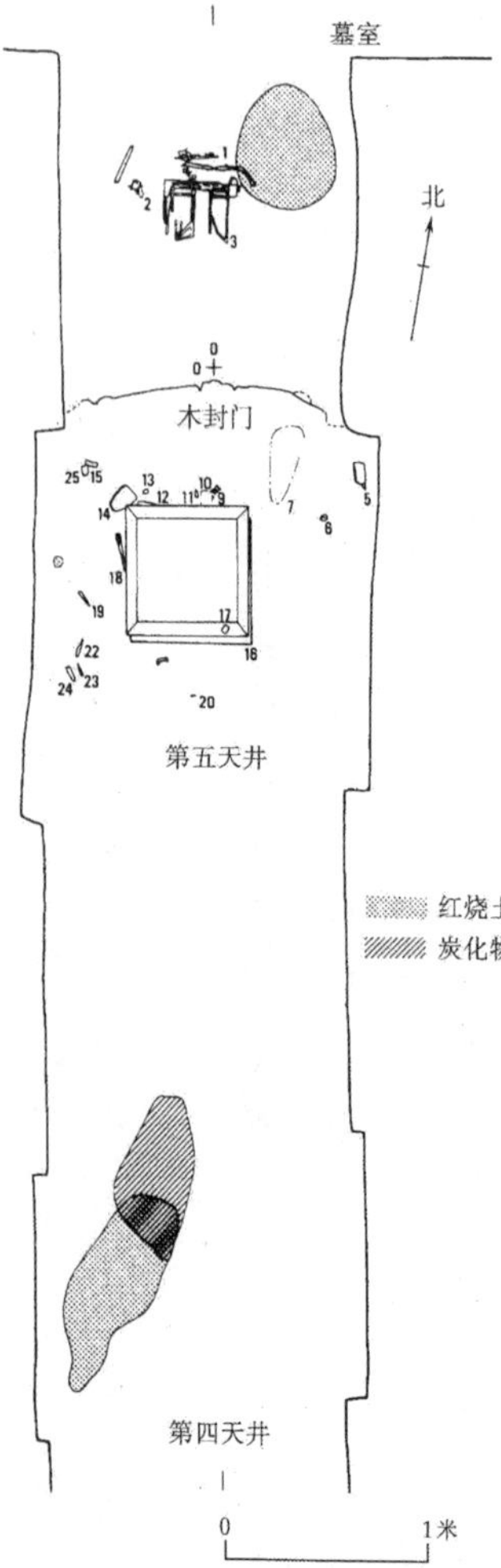

図6.『唐史道洛墓 寧夏文物考古研究所叢刊之二十五』（中国語版）、北京：文物出版社、2014年、39ページより

ともされています。

この7世紀の漢化したソグド人墓の甬道に於ける拝火儀礼の痕跡が、イラン系アーリア人の「火の道」の東限ではないかと思います。

6. 長安から日本へ

このように、イラン系拝火儀礼は、7世紀には中国内地にまで到達していました。しかし、唐朝時代の長安には、インド系拝火儀礼を吸収した密教も渡来しており、両者を識別することは、7世紀～8世紀の日本人には不可能だったと思われます。例えば、空海（774～835）は、803年から806年に長安で密教を学んで帰国しました。近年の研究によれば、空海に密教を授けた恵果和尚（746～806）の師匠である不空金剛（705～774）は、母親がソグド人であった関係からか、唐朝宮廷のソグド系人脈の中で活動していたとされています。（注4）ということは、不空の中では、母親や周囲のソグド人ゾロアスター教徒から伝承した（と想定される）イラン系拝火儀礼と、宗教として学習した密教のインド系拝火儀礼が、分かち難く結び付いていたのではないでしょうか。

8世紀の長安の段階で、一人の人格の中ですらイラン系拝火儀礼とインド系拝火儀礼が結合していた可能性があるのだから、これを受容した日本人が両者を弁別できなかったとしても無理はありません。即ち、紀元前2000年頃に分かれたイラン・インド系の拝火儀礼は、それから2800年を経たシルクロード上で再合流し、そのまま日本に流入してきたと言えます。私たちはそれらを無理に識別する必要は

注4．中田　2007年、2011年参照

ありませんが、それらの拝火儀礼の中にイラン的要素が断片的に含まれている可能性については、もっと認識する必要があるかもしれません。

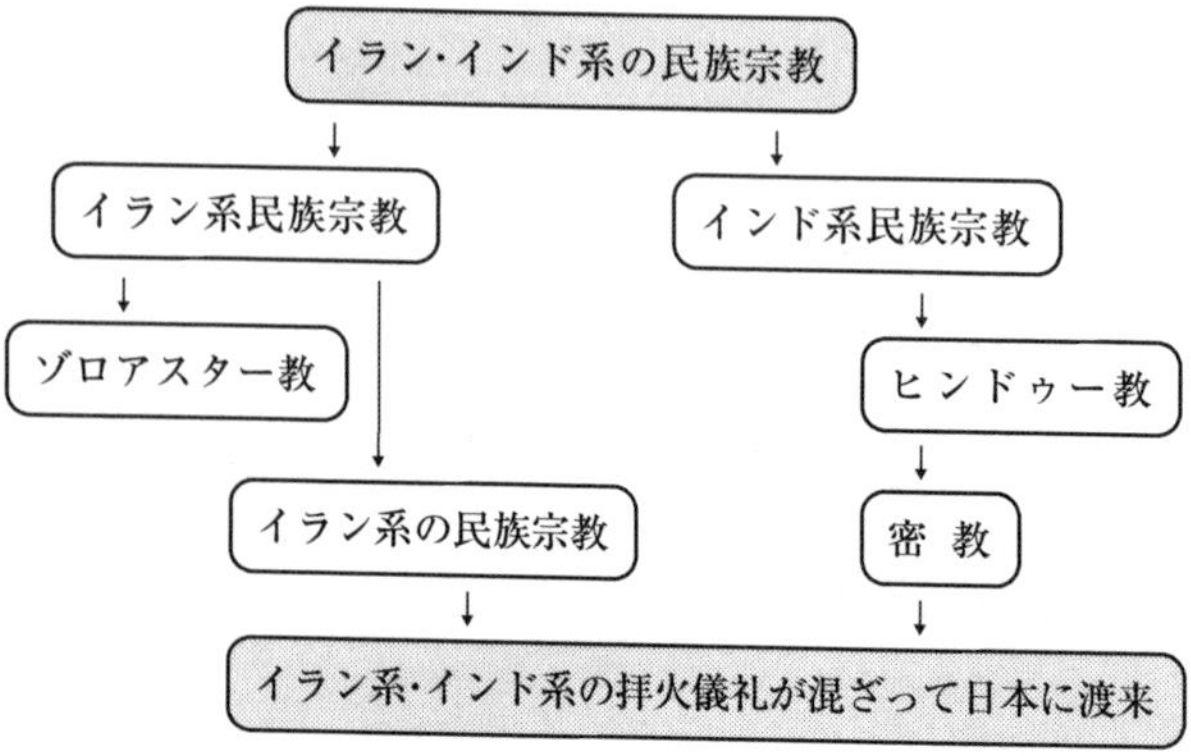

図8.「火の道」の概念図

参考文献
・Shahin Bekhradnia, "The Tajik Case for a Zoroastrian Identity," *Religion, State and Society*, Vol. 22, No.1, pp.109-121, 1994.
・原州聯合考古隊（編）、『唐史道洛墓　原州聯合考古隊発掘調査報告1』、原州聯合考古隊（編）、勉誠出版社、１９９９年。
・原州聯合考古隊（編）、『唐史道洛墓　寧夏文物考古研究所叢刊之二十五』（中国語版）、北京：文物出版社、２０１４年。
・中田美絵、「不空の長安仏教界台頭とソグド人」、『東洋学報』89（3）、pp.293-325、２００７年12月。
・中田美絵、「八世紀後半における中央ユーラシアの動向と長安仏教界」、『関西大学東西学術研究所紀要』（44）、pp.153-189、２０１１年4月。

『玄奘の行路を音で旅してみたら』

城之内　ミサ
Missa Johnouchi

プロフィール

ユネスコ平和芸術家・音楽家・東邦音楽大学特任教授

東邦音楽短期大学在学中よりプロとして映像音楽を作編曲。数々のドラマや映画等で主題歌を手掛け『劇伴の女王』と評される。花博（2005）や平城遷都1300年祭（2010）、興福寺・阿修羅展等の音楽を担当。内外有名歌手のアレンジャーとしても活躍中。99年よりアジアの音楽を手掛け欧米諸国で高く評価されている。自ら主宰する「世界遺産トーチランコンサート」ではNY・カーネギーホールを初め四大陸で実施し、その国際的活躍から作曲部門では日本人初の「ユネスコ平和芸術家（Artist for peace）」に任命され、各国でのユネスコ世界遺産条約記念コンサート等で自作曲の演奏、指揮を担当。ユネスコ・パリ本部のメッセンジャーとして世界的に注目されている。

私は生まれも育ちも日本である。東京は中野区の生まれ。小学校は近くにあった仏教系の私立幼稚園～小学校に通い、中学から音大附属へと進学しました。

ピアノは習っていたものの、幼稚園～小学校と学校で学ぶ仏教系の歌や音楽にも耳慣れていて、音大附属中学に進学し本格的に西洋音楽教育にどっぷり浸かる日々の中、「東洋と西洋の音の違い」に気付かされました。つまり、音楽は「旋法や音階」[注1]を使用することで、その雰囲気を醸し出していることに気が付いたのです。法則に則った音の羅列を作者が自由に紡ぐことで、「らしさ」みたいなものが炙り出されていく気がして、おっ、こりゃ～面白い！と実感したのでした。

旋法・音階にもいろいろあって、日本にも呂旋法、律旋法等（雅楽）、陽音階（明るい）、陰音階（暗い）があったり、その中にも上行、下行があり音が若干違ってもいます。また沖縄音階は東南アジアの音階と似ていたり、インド古典音楽に至ってはラーガの旋法は数百あると聞きます。

北原白秋氏作「砂山」に陰音階を用いて作曲したのが山田耕筰氏で、中山晋平氏は陽音階（しかも短調化された陽音階）を用いて作曲したと言われ、どちらも和のテイストでありながら趣を変えての美しい楽曲となっています。

「アメジンググレイス」と「ソーラン節」は、まさに西洋と東洋ですが、同じ音階（ピアノでいう黒鍵のみを使用の5音階＝ペンタトニック）を使いながら、作者の感性でその音の羅列の組み替えを行い（つまりは『作曲』）、前者は西洋に聞こえ、後者は東洋になってしまうのです。使っている音は全く同じなのに、です。曲のタイトルの印象なのか。センス、なのか。（余談ですが「蛍の光」も「メリーさんの羊」

注1．「旋法」とは、音の配列のこと。それぞれの音が決められた順序で、音が並べられているもの。旋律を構築するための規則。「音階」には、長調や短調といった調性があるが「旋法」には、長調・短調といった調性の判定はできない。その代わり、旋法の音の響きがある。「旋法」は「音階」のように正確な音の高さは決められていない場合もあるとされる。音と音の関係性を表すものであり、「音階」と表さず、「旋法」と表されていることもある。（陽音階＝陽旋法というような）。また「旋法」や「音階」には上行・下行と、違う音を辿るものもあり使用の仕方によって、判別が難しいものもある。

もこの音階です)。

幼い頃の話に戻ると、私はさまざまな事情により幼稚園に通うまでは言葉を発するのが苦手で、飼っていた犬やウサギ、鳩などと心の中で会話をしていました。はたから見れば薄気味悪い子どもでしたが、いつか獣医師になって動物の病気を治してあげたいと思うようになったのですが、残念なことに頭が悪く、そちらの道はあっさり諦めました。

言葉を発するのが苦手だったため、習っていたピアノの先生が「言葉の代わりに音符で自分の想いを綴ってみて、それを自分で演奏すればミサちゃんの心が誰かに伝わるかもよ」とおっしゃってくださり、絵日記ならぬ「音日記(作曲)」をつけ始めました。言葉を発するのが苦手だったせいなのか、神様のギフトなのかわかりませんが、私は「音」には敏感だったようです。

私が作曲家になりたいと思ったきっかけのひとつはウサギの死です。

飼っていたウサギの死に際に直面し、とっさに部屋にあったオルゴールのネジを巻いて聴かせました。ウサギはオルゴールを聴きながら死んでしまうのですが、その時「きっとこの子はこの音色で安らかに逝ったはずだ」と自分に言い聞かせました。思い返せば単なる自己満足なのでしょうが、そう思うことで悲しみを軽減したかったのです。6歳の頃だったと記憶しています。

成長とともに言葉を発するのが怖くなくなりました(ちなみに今ではコンサートでのMCが面白いと評判です。人は、変われるのですね)。それでも「音日記」は続けていて、目に映る風景や、母が台所で胡瓜を切る「トントントン」という音をリズムにして曲にしてみたり。そういったものが、何十年も経った今も私の作品に反映されている部分もあります。

小学校5年生の時、新しい音楽の先生が赴任されました。芸大を卒業された著名な作曲家でした。書き溜めてあった、どうしようもないほどのくだらない音符の羅列を、この先生に聞いていただきたいという衝動に駆られました。今思い返せば、実に無謀だったと思います。しかし曲を聴いてくださった先生は「君は作曲家になるべきだ」とおっしゃってくださいました。先生からいただいた希望の言葉で、いつか死にゆく動物達に聴かせてあげる曲を作っていきたいと、5歳の私の決意と向かい合うこととなったのです。

やがて時は巡り、自分のオリジナルアルバム制作の際、国立パリ・オペラ座管弦楽団が演奏くださることになりました。フルオーケストラ、しかも、奏者の中には、あのフルートの神様と言われるカトリーヌ・カンタンさんはじめ、ソロでも活躍する著名な演奏家が多々おられました。演奏家の皆さんは、私の楽曲をとても気に入ってくださりレコーディングは非常にスムーズでした。「あなたの曲を演奏出来ることを神に感謝します」と言ってくださった。超一流の方々はさまざまな意味で本当に凄いと思ったものです。

その時、奏者の一人が「ミサの曲はエキゾチックで、その瞬間、演奏していてゾワっと来る。大好き」と。ふむ、おかしいなぁ。私は思いきりフランス「風」なものを書いたつもりなのだが。私の発する音楽言語＝音の羅列が、私にはフランス（つまりはナンチャッテ・パリ）「らしい」と感じているものを、彼らは「エキゾチック」

（彼らのいうエキゾチックとは「異国」＝つまりはアジアな感じ、つまりは和の感じ）と思えるようです。

なぜ、彼らはそう思ったのか。この謎を解かなければならない。ジャポニズムの影響か。評論やアナリーゼとは別に、『真意は作曲した本人にしかわからないもの』だが、葛飾北斎の絵に触発され「海」というシンフォニーを書いたと言われるドビュッシーの、これは逆パターンなのかもしれない（と、身勝手に解釈してみたり）。

この謎を解くために、日本人の私がフランスの奏者達によってユーラシア大陸へと想いを馳せることとなりました。そして、広大なユーラシア大陸の中で私をシルクロードに導き、ここで旅をしたであろう架空の古《いにしえ》の旅人が主人公で、この見知らぬ旅人が「感じたであろう風景の印象」を音にする、というアルバムを作編曲してみたいという大きな原動力に繋がったのです。

実際に発表したアルバムの世界的ヒットによって、私はユネスコ・パリ本部より「ユネスコ平和芸術家Artist for peace」（注2）に任命されました。楽曲の雰囲気から「ミサの音楽で世界遺産保護の重要性を世界の人々と分かち合う」という任務をいただきました。ユネスコ本部の世界遺産センターの方々も私の楽曲からユーラシア大陸やシルクロードを感じてくださったからなのだろうと思いました。

国内はじめ4大陸でのコンサートも実施し、その中で、本当に不思議な体験も数々させていただきました。観客や奏者から「あなたはこの国の出身ですか？」と尋ねられることもありました。

多くは中東の方からのものだったりしますが、印象に残っているのはカザフスタ

注2．以下、ユネスコの説明。
「ユネスコの精神や活動に対する人々への理解、協力を高めることを世界的に支援するため、ユネスコ事務局長から特別に任命される。国際的に貢献した実績を持ち、自分の分野にてキャリアを持ち、カリスマであり芸術的に世界で高い評価を受けた著名なアーティストのみが選出され、それぞれに特定のユネスコ・プログラムを与えられ活動する。城之内ミサ氏は「世界遺産文化遺産自然遺産及び無形文化遺産保護」「教育」「世界平和」を彼女の音楽活動を通して奨励することをユネスコ・本部より任命された。現在、音楽家、画家、彫刻家、俳優など世界で70名程が任命されている。城之内ミサ氏は日本人の作曲家で初めての任命となる」

モロッコでのコンサート

アフガニスタンにて

ユネスコ本部大ホール退官記念式典

ン出身の青年からの手紙。要約するとこのようなことを書いてくださっていました。

僕は今スイスに住んでいてあなたの音楽を聴いています。僕はカザフスタン出身です。子供の頃、草原の中で、友人と夕方から明け方まで空を見ながら話をしたことがあります。その時の草の匂い、空の色、月明かり、夜があけて太陽が昇るまでの風の音。その全てがあなたの楽曲に詰まっていました。僕は今、カザフスタンの故郷にいる気分です。あなたはカザフスタンに在住されていたのですか?


日本の東京の、狭い部屋の中で譜面に紡いだ音符たちがユーラシア大陸へと羽ばたき、楽曲を聴いて、その国の「本物」の方々が、ナンチャッテの私の心象風景・想像音楽を、そのように受け止めてくださったのです。「っぽいこと」が、「らしい」ものになった。私なりの音の翻訳を、その国の方々が理解してくださった瞬間でもありました。

「らしさ(この場合、シルクロードの東から西へ、西から東へ)」を追求することになれば、その方面の旋法を使用し、私なりの音の羅列の組み替えとともに、私が子供の頃から書いてきた「音日記」の発想と想像をエッセンスにし、架空の旅人が感じたのかもしれないという「かもしれない(運転の注意喚起か?)」をごちゃ混ぜにすると、こういう曲になっちゃったー、みたいなことなんであります。

旋法(旋律を構築するための規則)を分解し、組み替え、自分のイメージにマッ

バーレーンにて

興福寺にて

マドレーヌ寺院にて

チする旋律を編み上げ、そしてそのイメージが増幅すると思う和音をつけ(つまりは作曲)、楽器を選び全体のサウンドを積み上げていく(つまりは編曲する)のですが、民族楽器と西洋音楽の楽器の組み合わせ、相性、陰影の付け方、奥行き等、それは私が思い描く世界観であって、同じ条件(旋法と楽器の選択)で誰かが作っても、同じようにはなりません。

地球儀を回しながら地球儀を俯瞰で見れば、私の想像のドローンがその何処かをキャッチし、その何処かを旅したであろう古の架空の旅人が私に「こんな風景でしたよ」「そこで私はこんな感情に浸ったのですよ」と、囁いてくれるのです。(『囁き女将』か?)その教えに私は「ああ、そうだったのですね。それはさぞ美しい風景だったでしょうね。そこに流れる曲を作ってもいいですか?」という返事をしているのです。

架空の古の旅人の声を聴く。私は聴いた。聴いたのだ。錯覚でいい。それはもしかしたら「玄奘の行路」を行く、かのひとの声だったのかもしれない。その錯覚に対しての想いが私の音楽なのです。

先生。「言葉の代わりに音符で自分の想いを綴ってみて、それを自分で演奏すればミサちゃんの心が誰かに伝わるかもよ」を、私は今も実践しています。あの時、私の心を救ってくださってありがとうございます。ナンチャッテも極めればきっと伝わると、先生は信じてくださったんですね。

奈良・興福寺の東金堂でのコンサートをした際には印象に残る二つの出来事がありました。この時は、薬師如来坐像へのご奉納曲を委嘱され、「唯識・阿頼耶識」をテーマに作編曲させていただきました。本番ではラストの方で大雨が降るというアクシデントがありましたが、ご奉納曲含むコンサートが終わってから当時の貫主様より「二体の仏様がお空に現れ、とても笑顔でした」と言っていただきました。このコンサートのリハーサルでは鹿が群れをなしてじっと聴いてくれていました。

名手・高桑英世氏の奏でる篠笛の音色のピッチが、単純に彼らの耳にキャッチされたのかもしれませんが、私は感動しました。著名なバイオリニストであるジャック・ティボーが、実験的に動物園で演奏したらヒョウがおとなしくなって寝たというエピソードがあると高桑氏に教えてもらったことがあります。動物に聴かせてこそ、ということなのかもしれません。

パリではマドレーヌ寺院でコンサートを実施しました。その時「ミサ、あなたの名前の由来は『祈り』から来ているのですね。ご自身の楽曲で体現されているのですね」と司祭様におっしゃっていただきました。どの宗派も関係なく、敬虔な場所で、純粋に私の楽曲を受け入れてもらえる。子供の頃の夢が、少しは叶っているの「かも」しれません。

古代末期のゾロアスター教に見られる個人終末論——来世に向かう霊魂

キアヌーシュ・レザーニヤー
Kianoosh Rezania

はじめに

私たちはゾロアスター教関連のテキストから、容易に「死後の世界／天国と地獄／霊魂」などを見出すことができます。これらの観念はゾロアスター教思想の根幹となっているばかりか、他の後続宗教（ユダヤ教やキリスト教、イスラーム）にも影響を与えました。ゾロアスター教と終末論的観念とは切り離せない関係にありますが、しかし創唱の当初から教義に備わっていたわけではありません。

人間には死後も存在し続ける霊魂があるとの考え方は、紀元前5世紀半ばのギリシアの文献で確認できますが、同時期ゾロアスター教でも、死後肉体から遊離した霊魂は来世で神の領域（天国）に留まる、または悪魔の領域（地獄）に堕ちるといった考え方が形成されました。

古代末期（2～10世紀を指す）、サーサーン朝（西暦224～651）とイスラーム初期（8～10世紀）のゾロアスター教関連資料には、死後の霊魂について詳細な記述が残されています。例えば、人間の霊魂は死後3日間肉体のそばにとどまり、その後来世につながる危険な道を旅すること、やがて死者を導く神霊が現れ、ついには天国に至る橋をわたってアフラ・マズダーとまみえるか逆に地獄へ堕ちる、といったようなことが書かれています。

一般に「終末論」は、次の3類型に分けられます。

1．個人の死後を扱うタイプ

2．ある集団（国家・人類を含む）の未来に言及するタイプ

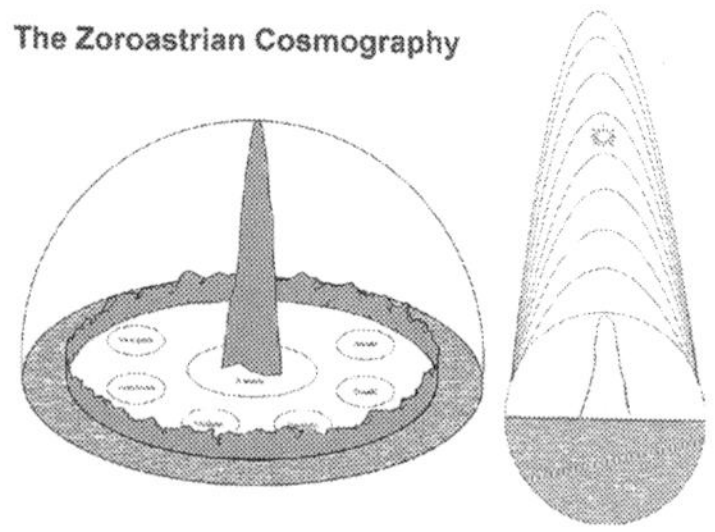

ゾロアスター教のコスモロジー

3．世界（人類）全体の終末を論じるタイプ

ここで扱うのは第1タイプ、個人に関する終末論です。このタイプの終末論が成立する前提は、以下の3点です。

1．個人の死後、その個人の身の上に起こる出来事であること、

2．その出来事は一定の倫理体系に基づいて条件づけられ、個人の生前における行いによって決定すること、

3．その出来事は個人（または特定の小グループ）に限定されるものではなく、一般に参照可能な倫理を含む物語が存在すること、

ゾロアスター教における個人終末論は、そのコスモロジーと密接に関わっています。ゾロアスター教で想定される地球は（他のインド・ヨーロッパ人のそれと同様に）、「山の連なり（ハーラー）」とこれを囲む「水域」とで構成される円形の「平板」で、多重の空気層に囲まれています。地球（現世）の中心には「高い山」があり、その山頂は（アフラ・マズダーのいる）天空の最も低い部分に接しています。この宇宙観をベースとして、霊魂が向かう死後の世界（天空）が、現世と同じ次元に存在する「別の世界」として語られるのです。

1．古代におけるゾロアスター教の終末論

ゾロアスター教の人間観によれば、人は物理的な肉体の他に「聖なる神の霊魂（フラワシfrauuaṣi）」・「死後の世界へ導いてくれる霊魂（ビジョン・ソウル）」・「死によっ

て肉体から離脱する霊魂（フリー・ソウル）」など、さまざまな精神的要素を持っています。このうち「死後の世界へ導いてくれる霊魂」と「死によって肉体から離脱する霊魂」の二者は、聖典『アヴェスター』の儀礼観念と密接に関連しています。

　紀元前12〜10世紀ごろの言語で記された古い時代の（古層）『アヴェスター』によれば、ゾロアスター教儀礼の最重要目的は、祭司（ゾロアスター教神官）がアフラ・マズダー（神）と出会い、神からの啓示を受けることです。その出会いの場はアフラ・マズダーの居処が「天空」であることから、天空こそが儀礼の目的地とされます。儀礼での祈祷や供物は天空に捧げられますが、同時に神官の「霊魂（肉体から離脱したフリー・ソウル）」も「導きの霊魂（ビジョン・ソウル）」に従って、神の居処（天空）に向かいます。『アヴェスター』において儀礼の「道」は、いくつもの直線通路と曲がり角との組み合わせによって描かれています。神官のフリー・ソウルは、ビジョン・ソウルに導かれ「最後の曲がり角（アパマ・ウルウーサー〔apə̄mā uruuaēsa〕）」で、自分たちが行った儀礼が正しかったかどうかの判定を受けます。正しければ、通路から外れることなく「浅瀬（パラツ／peratu）」を通って、アフラ・マズダーにまみえることができます。そうでない場合は「欺瞞の場」に堕ち、神とは出会えません。この決定的な分岐点となっている「浅瀬」の位置について、『アヴェスター』には何も記述されていませんが、水域と地上（山）との境界と考えてよいでしょう。

　以上の古層『アヴェスター』の記述は、神官が執行する儀礼に関するもので、一般的なゾロアスター教徒の死後の「霊魂」（「ビジョン・ソウル」と「フリー・ソウル」）や教徒に示される倫理体系を説明するものではありません。しかし、重要な儀式の

ビジョン・ソウル「デーン神」

Dēn,
Sasanian Seal,
Gnoli 1993, 80, Fig. 2

文脈の中に「導きの霊魂（ビジョン・ソウル）」と「肉体から離脱する霊魂（フリー・ソウル）」が現れていることは、留意する必要があります。

　このように「霊魂」は、ゾロアスター教の創唱期（古層『アヴェスター』の時代）には儀礼の主要観念でしたが、教義の確立に伴い、後になって個人の終末論の文脈にも取り込まれていったのです。

　紀元前５００年前後に成立した書物がその裏付けになります。ある書（『second Hādōxt Nask』）には、「死後肉体から離脱した霊魂（フリー・ソウル）」に関して記述されています。ザラスシュトラ（ゾロアスター）がアフラ・マズダーに「（ゾロアスター教神官に関わって）正しい人間の霊魂の行方」を問うと、「最初の3日間は遺体の頭部近くに留まり、最高の喜びを得る。4日目の夜明け（1日で最も豊穣な時間）、霊魂は来世に旅立つ」との答えが与えられています。この問答では欺瞞に満ちた人間の霊魂についても述べられていますが、注目したいのは、どちらの来世への旅立ちも、非常な危険を伴う旅として描かれていることです。そして正しい人間の前に現れる「導きの霊魂（ビジョン・ソウル）」は美しい乙女の姿をしているが、欺瞞に満ちた人間には「導きの霊魂」が醜い老婆に見えてしまうとも書かれています。

　同時期の別のゾロアスター教関連の資料にも、「死後肉体から離脱した霊魂」の運命が、次のように記されています。「導きの霊魂」は2匹の犬を従えた女神として現れ、生前の正しい振る舞い（信仰儀礼への参加貢献など）について尋問する。女神に「正しい」と判定された霊魂は「浅瀬」を渡ることが許され、そうでない者の霊魂は暗闇に投げ捨てられる、と。

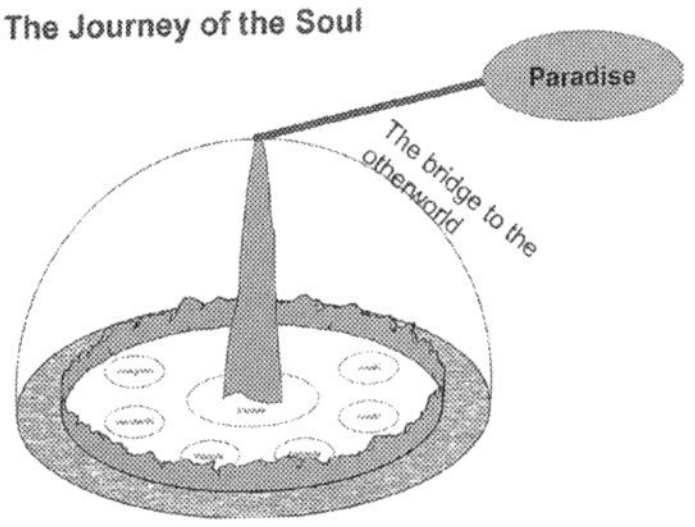

霊魂の「旅」

この資料における「正しい者」も、先の書と同様にゾロアスター教神官に限定されていますが、同じ時期の悪魔に関する規定を記したゾロアスター教の資料には「犬を殺した者は、生前に厳罰を受けないかぎり、霊魂が救われることはなく、9代後の者の霊魂も『浅瀬』を渡ることはできない」という意味の記述があります。この書では「正しい者」と「欺瞞に満ちた者」の対象範囲は、神官から教徒一般にまで拡大されています。

2．古代末期におけるゾロアスター教終末論の発展

サーサーン朝（西暦224～651）とイスラーム初期（8～10世紀）になると、ゾロアスター教関連のテキストに「霊魂」についての記述が頻出するようになります。

『ウィラーズの書（the Book of Wirāz）』は、この時期の書物として有名ですが、これにも死後における「霊魂」の遍歴が詳細に記されています。当時のゾロアスター教神官たちは、教徒に天国と地獄の存在を説明する必要から、理想のゾロアスター教徒（正義の人）のウィラーズを「あの世」に送りました。本書は、現世に戻ったウィラーズからの報告の体裁をとっています。もちろん事実の記述ではありません。サーサーン朝初期に書かれた高位の神官・ケルディールの（アフラ・マズダーからの啓示を得るため、彼の霊魂が天国に旅立つ）昇天物語の踏襲です。その意味では、古代初期以来の伝統的なゾロアスター教の考え方がベースと言えますが、内容にはイ

スラームの圧力が増していた古代末期の時代性が反映され、ゾロアスター教の教義（これには個人の終末論的観念が含まれています）の正統性の主張に重点が置かれており、その文脈で霊魂の遍歴が叙述されています。

この『ウィラーズの書』によると、肉体から離脱した霊魂は、「地球」を構成する北方の山（Harburz山）の麓からスタートし、稜線を移動して中央の「高い山」に向かいます。「高い山」の頂上には、来世の入り口となる「橋」があります。古層『アヴェスター』や古代初期に描かれていた「浅瀬」は、この時期（古代末期）「橋」に変化しています。

死者の生前の行いが正しくなければ「橋」は剃刀の刃のように「霊魂」を切断し、地底にある地獄に堕とします。行いが正しければ、その人の「霊魂」は「橋」を渡って天界に向かいます。この重大な「橋」がどこにつながっているか（天界の場所）は、本書では記されていません。先に述べたゾロアスター教のコスモロジーから、地球の大地（山の連なり）を取り囲む水域の（私たちの世界と同次元の）向こう側と考えて良いでしょう。

橋を渡った「霊魂」は、上下4つの領域に分かれた天界に入り、階梯を登っていきます。生前の「徳」と「罪」とが同等のものは、最初の（最下層の）領域に留まり、「徳」が「罪」を上回るものは、その度合いに応じて留まる領域の上下が決まります。最も「徳」の高いゾロアスター教徒だけが、アフラ・マズダーのいる最上層に入ることが許されます。

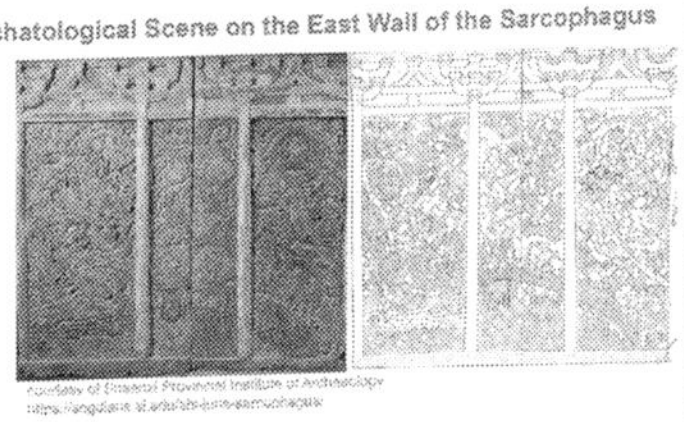

ゾロアスター教の石棺

中央アジアにおける終末論の図像表現

古代末期、ゾロアスター教の個人的終末論の観念は、広い範囲に波及しました。その物的な痕跡は、ソグド人ゾロアスター教徒の遺物にも見られます。西暦580年築造の石棺が中国で発見されていますが、これはウィアカク（Wirkak）というソグド人ゾロアスター教徒の墓です。興味深いことに、この石棺は死者の霊魂が住む家屋としてデザインされています。4つのファサードには豪華な装飾が施され、東のファサードには来世への霊魂の旅が表されています。死者（ウィアカク）と家族の（霊魂の）キャラバンが天界に向かう「橋」を渡っており、その先には楽士たちのいる天国があり、橋の下には地獄を意味する悪魔のような怪物がいて、先に述べた女神（Dēn）とともに登場する2匹の犬も描かれています。この終末論的なシーンが東に描かれているのは、死後に霊魂が向かう方向と考えられていたからでしょう。

ウズベキスタン・シャフリサブズ（Shahr-i Sabz）の南東ユマクラ・テペ（Yumalak Tepe）では、ゾロアスター教の終末論的シーンを描いた納骨容器が、複数発掘されています。別の場所からも同様のものが発見されており、古代末期においてゾロアスター教の終末論の観念が広まっていたことが窺えます。また容器の中央には「徳」と「罪」を判定する秤を手にした神、左には楽士のいる天国が描かれています。先の中国で発見されたウィアカク石棺と併せて考えると、この時期終末論観念の広範な波及とともに、図像的な標準（規格）も設定されていたことを窺わせます。

Sivaz Ossuary
ca. 7th cent.
Franz Grenet

Yumalak Tepe, Shahr-i Sabz, Uzbekistan

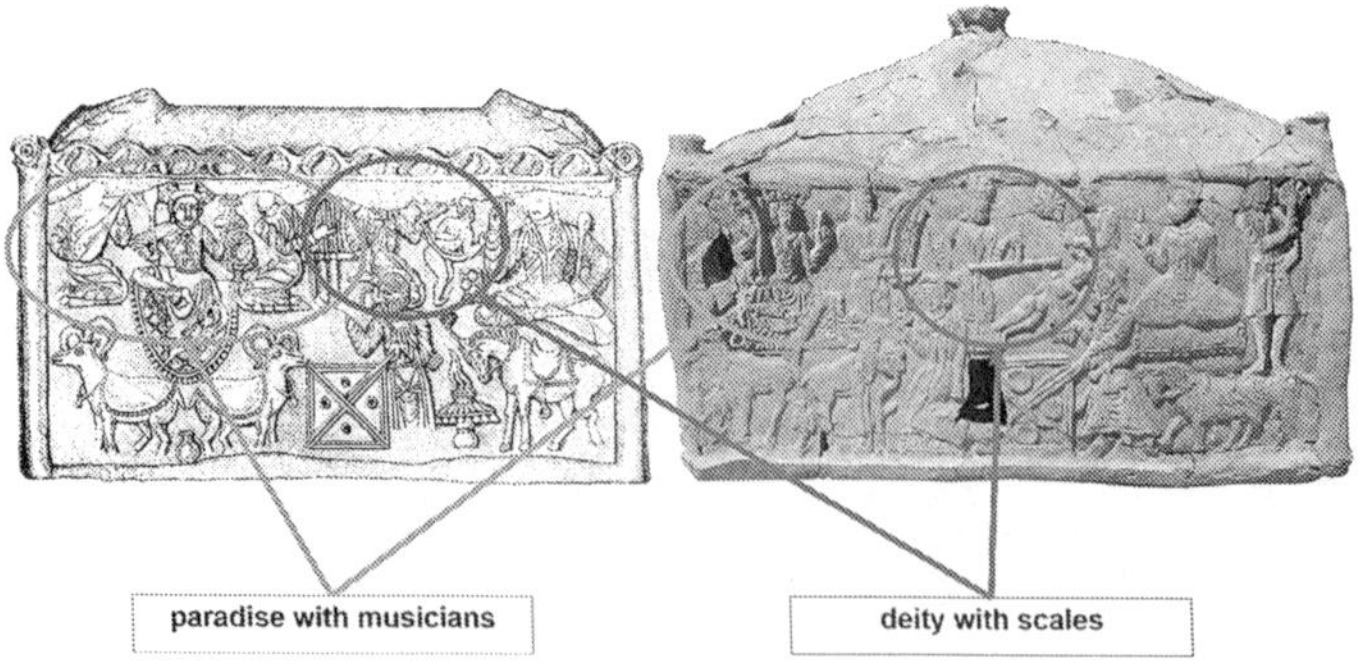

まとめ

ゾロアスター教における終末論は、紀元前2000年紀末（BC.12〜10世紀）の古層『アヴェスター』で示されているように、もともと神官たちの儀礼の適否に関わる──神官たちにとっては深刻ではあっても──日常的な懸案が、天上におけるアフラ・マズダーの判定に投影されたものでした。やがて儀礼の時ばかりではなく、死後においても「正しい」神官の霊魂は、アフラ・マズダーに出会えるとの観念が加わりました。

紀元前500年ごろからは、神官ばかりでなく一般の教徒にも同様の考え方が浸透し、この段階で個人終末論が形成されていきました。

そして、古代末期のゾロアスター教の文献には、死後の霊魂の遍歴が、詳しく記述されるようになります。このことは終末論の観念がゾロアスター教の教義の中にしっかりと根づいたことを示しており、同時に、想像力を伴う図像的な表現に対しても、確かな根拠を与えていたことを示しています。

Suluzhi（苏鲁支）

—中国におけるゾロアスター教の用語について

張　小貴
Xiaogui Zhang

※当日欠席。写真は2019年のもの。

1．Suluzhi（苏鲁支）はソグド語の音訳

中世（6～14世紀）中国の祆教（Xian Religion）は、古代ペルシアのゾロアスター教に起源を持つとされています。しかしながら、同時期中国に存在した他の二つの外来宗教――マニ教と東方キリスト教――とは異なり、中国語訳されたゾロアスター教の聖典は見つかっていません。祆教（ゾロアスター教）に関する情報は、主に世俗的な文献の記載が中心となっています。

北宋時代の978年（興国太平兴国3）、仏教僧・贊寧（Zan Ning, 919-1001）が著した『大宋僧史略』（Dasong Seng Shilüe、宋時代の中国仏教史略）に、この宗教の創始者に関する記述が見えます。631年（貞観5）にソグド人のゾロアスター教神官、何禄（Helu）が宮廷でゾロアスター教の教義を講じたと記録されています。

> 火祆宗教の教えは、もともと大ペルシア帝国に由来している。宗祖の名前は苏鲁支（Suluzhi）。ペルシアの領主・玄真（Xuanzhen）はその教義を学び、火の山に行った後、中国に当該宗教を広めた。貞観5年、司祭の何禄（Helu）は祆教（ゾロアスター教）の教えを宮廷にもたらした。

文中、贊寧はゾロアスターをSuluzhi（苏鲁支）と記しています。「ゾロアスター」の表記については、次のように言語によってさまざまです。

各言語によるゾロアスターの呼称		
Old Avestan	Zaraθuštra/Zarathushtra	Ushtavaiti Gāthā 公元前1200–1700
Young Avestan	Zaraθuštra/Zarathushtra	Aradwi Sura Anahita Yast 公元前6–8世紀
Pahlavi	Zarduxšt/Zardušt	Dēnkard 9¥10世紀
Parthian	Zrhwšt/zarhušt	M42
Sogdian	zr'wšc/Zrušč	(T III S=TM462)18434 Or.8212=Ch 00289
Uighur	zr'wšc/Zrušč	T II D 175/04
Greek	Zōroastrēs、Zathraustēs、Zōroastēr、Zaratas、Zarades	
Latin/English	zoroaster	

アヴェスター語：Zaraϑuštrā（古層／新層『アヴェスター』）
パフラヴィー語：Zarhušt
マニ教パルティア語：Zarhušt
ソグド語とウイグル語：Zrušč
ギリシア語：Zōroastrēs（Zahhraustēs、Zōroastēr、Zaratas、Zarades）

上記の各言語によるゾロアスターの呼称を比較すると、ソグド語（ウイグル語）のZruščと中国語のSuluzhiとは、発音がほぼ同じです。苏魯支（Suluzhi）の情報は、ソグド人からもたらされたと考えて良いでしょう。

この推測は馬小鶴（Ma Xiaohe）氏の研究によって補強されます。馬氏は『霞浦文書』（中国語マニ教文献）中の「苏路（魯）支」について、プリーブランク（Edwin George Pulleyblank, 1922-）の「中世後期中国語（LMC.）」を用い、対応するパルティア語の表記と発音、英語訳に着目し、苏路支Suluzhi [LMC.su]・苏魯支Suluzhi [LMC.su]は、G. B. ミケルセンのマニ教中国文書辞典のZrhwšt [zarhušt]にあたると指摘した上で「ゾロアスター」であると述べ、さらに「ゾロアスターは中世ペルシア語（MP）でzrdrwštと書かれ、ザルドルシュトと発音される。ソグド語文書TM393では「zr'wšc」と書かれている」と論じ、直接的ではないものの、苏魯支Suluzhiの由来をソグド語と示唆しました。これは、ゾロアスター教の中国伝播の歴史を考える上でも、重要だと思われます。

『大宋史略』の記述はあまりにシンプルで、何禄が中国皇帝にどのような内容を講じたかはわかっていません。

ゾロアスター教は非常に保守的で、自国の聖典の翻訳に熱心ではなく、外国への布教も積極的ではありません。しかし宮廷での布教というよりゾロアスター教への理解を求めることが目的であれば、神官としての業績と優れた言語能力とによって、ゾロアスター教の教えの本質は、宮廷の皇帝に適切に伝えられたに違いありません。宮廷側も、西域からの移民たちの民族的信念や信仰を尊重し、祆教が唐代に栄える礎の一つになったのだと思います。

2. 中世ソグディアの古典的ゾロアスター教

先に述べたとおり、中国の宮廷でゾロアスター教が公式に紹介されたのは7世紀前半ですが、信頼できる文書によれば、4世紀初頭、ゾロアスター教を信仰するソグド人によって、この宗教は涼州の武威（Liangzhou, Wuwei）に持ち込まれています。

19世紀後半以降、中央アジアで発掘された文化遺物の中には、仏教、東方キリスト教、マニ教などの古典宗教のソグド語写本が、数多く含まれています。一方、ソグドのゾロアスター教教典類は今に到るも見つかっていません。このことから、従来、ソグド人のゾロアスター教が『アヴェスター』に基づく正統な教義と同様であったかどうかは疑問視され、したがってソグド人がもたらした中国の祆教についても、古典的なゾロアスター教を継承するかについては否定的見解もありました。

しかし、最近の学術研究では、ソグド地域のゾロアスター教の神官たちが、『アヴェスター』に精通していた事実が提示されています。例えば、F．グルネ教授（F. Grenet）によると、8世紀から9世紀のウイグル王国の治世中に書かれたソグド語の文書には、さまざまな文化的含意、特にインドの神話や天文学の要素が含まれていますが、その書の記述には『アヴェスター』所収の物語（イランの風の神はHādōxt NaskやRām Yašt（Yt.15.44-45）における風の神ヴァーユ（Vayu）の描写）に類似するものが見られ、編著者は間違いなくゾロアスター教に精通していたと指摘されています。

また時代は下りますが、10世紀から11世紀のアラビア語文書にも、ソグド地域における古典的ゾロアスター教の評判が高かったことが記録されています。

詳細の報告は後日に譲りますが、中世のソグド地域では『アヴェスター』が高く評価され、このことを証拠づける痕跡も数多く残されています。中国・唐の時代になって、ソグド人のゾロアスター教神官が、Suluziに関するより詳細な情報を記述する強固な基盤が用意されていたことは間違いありません。

ゾロアスター教の聖典『アヴェスター』は、中世のソグド地域では十分に普及しており、神官たちが教義や歴史を理解するのは容易であったはずです。神官・何禄が、皇帝に自らの信仰を説明する、重要な公式の機会・場において、拠り所とするものを手にしていなかったはずがありません。たとえソグド語版『アヴェスター』が存在していなかったとしても、先に述べたように言語に堪能な何禄なら、原語版『アヴェスター』の読み解きに困難は感じなかったはずです。そして、そのような優れた言語の才能は、何禄ひとりに限ったものではなく、ソグド人一般に共通するものでした。

3．ソグド人の語学力

中世のソグド人は「隣国に行くと、必ず利益を見いだせる場所にたどり着く」と評されたほど優れた商人でした。彼らはまた「内アジアのフェニキア人」とも呼ばれ、中央アジア、西アジア、東アジアの全域で商活動を展開しました。さまざまな民族との交易には外国語の習得が欠かせません。中国に入ったソグド人が複数の言語に通じていたことは、史料にも記録されています。

たとえば、安史の乱（755～763）で有名な安禄山（An Lushan）はチュルク（突厥）とソグドの血を引く唐の節度使（軍の指揮者）でしたが、一方で6つの外国語に精通した仲介交易人とも呼ばれていました。部下の史思明（Shi Siming）もまた「6つの外国語を理解し、安禄山と同様の仲介交易人」と見られていました。

歴史的文書に加えて、近年、ソグド人の言語能力を示す考古学的発見もあります。1986年、史訶耽（Shi Hedan）の碑文が、中国・寧夏回族自治区固原市の郊外で発掘されました。そこには、ソグド人の子孫である史が、貞観の初め（629年以前）から乾封元年（666）まで、40年近く中書省という政庁で官訳者を務めるなど、唐代を代表する翻訳者であったことが刻まれています。

4. 結論にかえて──Suluzhiに関する新たな発見

最初の方で『霞浦文書』に触れましたが、これは近年中国・福建省で発見された漢文で表記されたマーニー教文献資料です。これには唐の時代の東方キリスト教や元朝期のカトリックを含め、長い間失われていた外来宗教の痕跡が数多く含まれています。何より、学界が当初から注目してきたマーニー教やゾロアスター教に関する記述が豊富に残されています。

この文書の中にSuluzhiに関する、新たな発見につながる記述が散見されるのですが、時間の関係で2箇所だけ、非常に興味深い記述を紹介し、私の解釈を付して本発表の結論にかえたいと思います。

第一、「教義はペルシアで説かれ、ペルシアに向かった」とは書かれていますが、「苏鲁支（原文では蘇魯支、Suluzhi）はペルシアの神を唱えたのではない」とも記されています。確かに、私たちが知っているのは、ペルシアで説かれたゾロアスター教が、ペルシアで国教となるまでに成功した、その事実だけです。学術的な宗教史の上では、「ペルシアのゾロアスター教」が重要なポジションを占めていますが、一方、預言者（ゾロアスター）がペルシアで生まれたとする記述は、中国の史書には見当たりません。このような中国におけるゾロアスターの情報は、4世紀ころから中国渡来したソグド人ゾロアスター教徒に由来するものだろうと思われます。

第二、この書において「蘇魯支（＝ゾロアスター）」は5人のブッダ（「覚醒した人」）の1人とされていますが、その中で蘇魯支だけが「誠実と慈悲の扉を開く」と書かれています。これもまた、ソグド人がゾロアスター教の特質として、中国に伝えたものだろうと考えています。

『霞浦文書』は、古代~中世における中国文明は、あらゆる種類の外国文明を溶かすメルティング・ポットのようなものであったことを改めて示しています。政府に迫害され、排斥された外来の宗教も、消失することなく民間に吸収され、人気を回復していたことがわかります。そしてある宗教の要素が新たな資源となって、新しい宗派が生み出されることも珍しくはなかったことを明瞭に示しています。

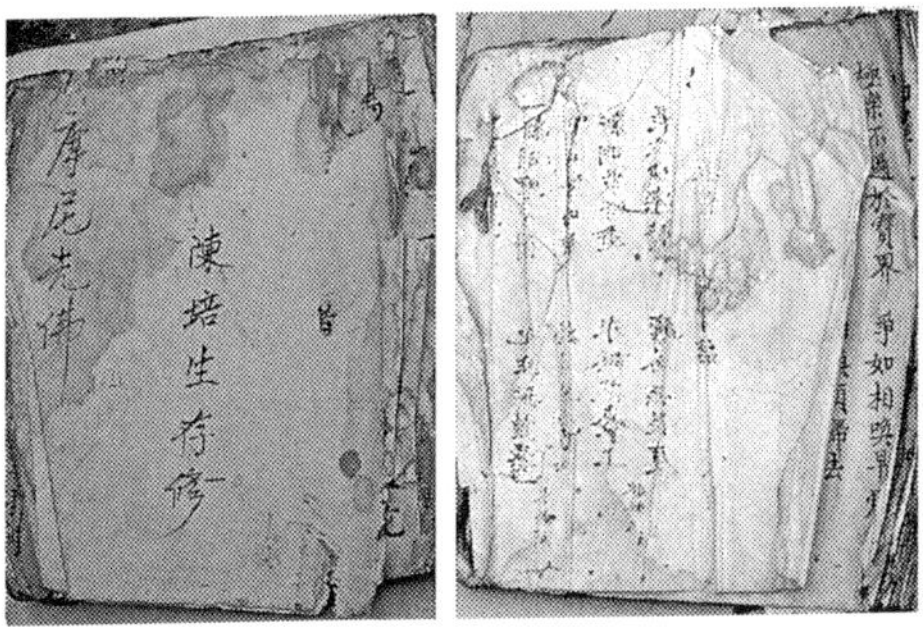

『霞浦文書』

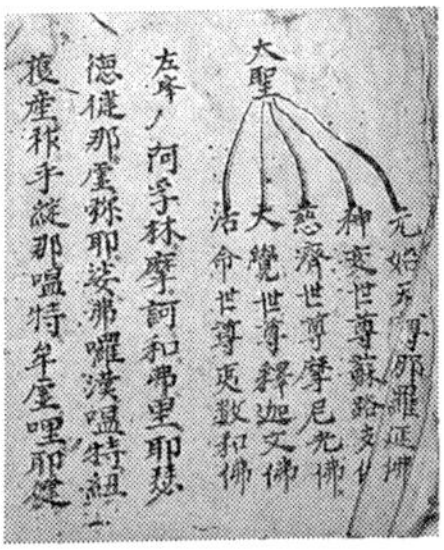

大聖

元始天尊那羅延佛

神變世尊 蘇路支 佛

慈濟世尊摩尼光佛

大覺世尊釋迦文佛

活命世尊夷數和佛

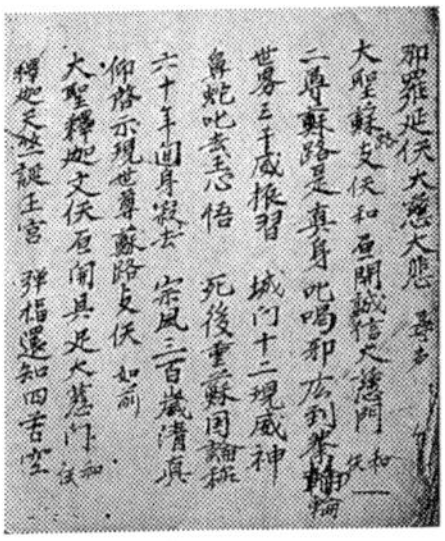

- 大聖 蘇路支 佛 和
  ：願 開誠信大慈門 和佛

文書中の記述

ゾロアスターは、なぜ明治16年の日本に出現したのか。

中島　敬介
Keisuke Nakajima

林董（近代日本人の肖像）

はじめに──驚くなかれ

本発表の目的は、１８８３年（明治16）に出版された『火教大意』の執筆意図を探ることです。本書はゾロアスター教に関する日本初の論考で、かつゾロアスター教を日本で最初に紹介した一般書です。

インターネットでも公開されている、「エンサイクロペディア・イラニカ」は、今日一般からもアクセスしやすいゾロアスター教の情報サイトですが、驚くなかれ、１５０年前の『火教大意』の内容は、ほぼこのレベルに達しています。

……「驚くなかれ」で驚かれないのは、情報が少なすぎたからでしょう。著者の林董（はやし・ただす）は明治期の日本を代表する外交官。英国大使・外務大臣など政府の要職を歴任した政治家です。宗教関係の人でもなければ、学者でもありません。

……では、決定的な情報を追加します。この『火教大意』と同じ年の１８８３年、ドイツではニーチェの『ツアラトゥストラかく語りき』の第1部が出版されました。ツアラトゥストラはゾロアスターのドイツ語読みですが、「かく語りき」とは言うもののゾロアスターが語った言葉ではなく、ニーチェ自身がゾロアスターに仮託して自分の思想を書き連ねました。この本が広く受け容れられたのは、専門的な研究者間はともかく当時ヨーロッパの一般社会ではゾロアスター（教）がほとんど知られていなかったからです。日本の事情もほぼ同様であったと考えられ、その中で、門外漢の林が今日の知識水準に近い『火教大意』を著した。これこそが「驚くなかれ」

クラークと原著

の正体です。……驚いてもらえないと先に進めないので、驚いたことにしてください。

いや、みなさん、驚くにはあたりません。一人芝居とはこのことですが、この『火教大意』は林のオリジナルな論考ではなく、翻訳物だったのです。ジェイムズ・フリーマン・クラークというアメリカの聖職者が著した『Ten Great Religions（世界の10大宗教）』第5章のほぼ忠実な全訳です。

1．原著者はユニテリアン

クラークは19世紀アメリカのキリスト教聖職者・神学者ですが、注目したいのはクラークがキリスト教の中心教義「三位一体」説を否定する――イエス・キリストは神でないと主張する――「ユニテリアン」だったことです。ユニテリアンの考え方は16世紀半ばに東ヨーロッパで起こり、イギリスに拡大して、18世紀ごろアメリカに波及しました。「ユニテリアン・クリスチャン宣言」（１８１９年）によって、それまで蔑称であった「ユニテリアン」の語を肯定的に捉え直し、１８２５年「アメリカ・ユニテリアン教会」が設立されます。この動きの中心人物が「アメリカ・ユニテリアンの精神的父」と称されるチャニングと、『火教大意』の原本『Ten Great Religions』を著したクラークでした。

ユニテリアンの活動はキリスト教の教義にとどまらず社会事業の分野に及び、１８６１年の南北戦争や奴隷廃止運動を巡って、協会は急進的な社会正義を叫ぶ過激派と穏健派とに分裂します。

もともとユニテリアンの主張は、イエスは人間であり人間存在を超えた神と一体とする考え方は矛盾だというものですが、彼らのいう神とは「人間的な意識や感情、知識を有する人格神」なので、社会的な道徳・倫理を重視し、進化論を含む世俗的な科学も否定しません。そして「人格神」を持つ宗教ならば、キリスト教も仏教も、儒教も神道も、イスラームもユダヤ教も根底の所で一つにつながっている、つまり世界の宗教は一致するという「万教一致」が標榜されます。

「万教一致」の基本コンセプトは穏健派も過激派も変わりませんが、過激派はキリスト教の枠組みを逸脱し、人格神でなくても認める立場をとるようになり、自然や人間の精神こそが神の普遍的な精神の表れだという、一神教を超えた「汎神論」にまで踏み込んでいきます。このような考え方は「超絶主義transcendentalism」と言われ、その中心的な人物が詩人・思想家として有名なエマーソンです。これに対して穏健派は、キリスト教の伝統を重視し、その枠内で他宗教を認める立場を堅持します。クラークはエマーソンと遠縁にあたり、初期は行動をともにしていましたが、チャニングとともにユニテリアン主流の穏健派に留まっていました。

2. 招かれた「黒船」

その穏健派ユニテリアンが、日本と接触を持つようになるのが――奇しくも――林が『火教大意』を公刊した明治16年（1883）です。アメリカに留学していた福沢諭吉の長男が滞在先のボストンでユニテリアンの牧師さんに出逢い、考え方のすばらしさに感銘を受け父の福沢に伝えます。それまで福沢は、功利主義の観点から方法論的に仏教は擁護するものの、宗教には懐疑的で、とくにキリスト教を否定していましたが、このあたりから風向きが変わります。宗教も西洋風にした方が良いとか、キリスト教も仏教と同様に国益に資するはずだから両方を平等に扱うべきとか言い出します。

そして1886年(明治19)、矢野文雄がユニテリアンを紹介する新聞記事を書き、なんと、ユニテリアン・キリスト教を日本の「国教」にしようと言い出します。矢野は福沢の慶応義塾で学び、後に講師も務め分校の校長に就いてき福沢の推薦で行政官や政治家になった、福澤に非常に近い人物でした。

この矢野の記事に、時の政府が飛びつきます。1889年(明治22)、伊藤博文の側近・金子堅太郎と文部大臣・森有礼、そして福沢諭吉も一緒になって英米のユニテリアンの団体に宣教師の派遣要請を行い、アメリカからマッコーレーという宣教師が来日します。

3. 白馬の騎士

日本が公的にキリスト教宣教師を招いたのは前代未聞の事態ですが、その背景には当時の日本が抱えていた最大の政治・外交案件、条約改正問題が控えていました。それまでの対外交渉で、信教の自由――キリスト教の容認――は既定路線となっていて、憲法でも条文化は必至の状況でした。努力目標では諸外国が納得しない。どういう方法・かたちでキリスト教を容認するか。これが当時の政府要人、とくに憲法案起草者である伊藤や金子らに鋭く問われていました。

『火教大意』が書かれた1883年（明治16）の時点では、そのベースとなるべき素案すらできていなかったのです。当初はイギリスの英国国教会に倣って、神道を国教化しようとしましたが、理論武装に使える要素が不足していて、日本古来の習俗と位置づけるしかなかった。仏教も保守的で維新のテーゼである「旧来の陋習を破る」ことはできない。もう一つのテーゼ「知識を世界に求め」ようとキリスト教に目を向けると、正統派のキリスト教は日本の文化・習俗を蔑視し、宗派争いも絶えない。

この手詰まりの状態で登場したのがユニテリアン（主義）でした。宗派性が希薄で、「万教一致」だから日本の宗教も尊重される。科学とも対立せず、倫理や道徳も重視する。憲法案の起草者たちは、ユニテリアンという理想的な「容認できるキリスト教」を発見し、安心して大日本帝国憲法の第28条に「信教に自由を有す」と規定できたのです。

4. 信教の自由とユニテリアン

これは単に私の想像（妄想）ではありません。傍証として憲法の公布・施行時期の明治22、23年の憲法逐条解説書（コメンタール）を挙げておきましょう。複数の

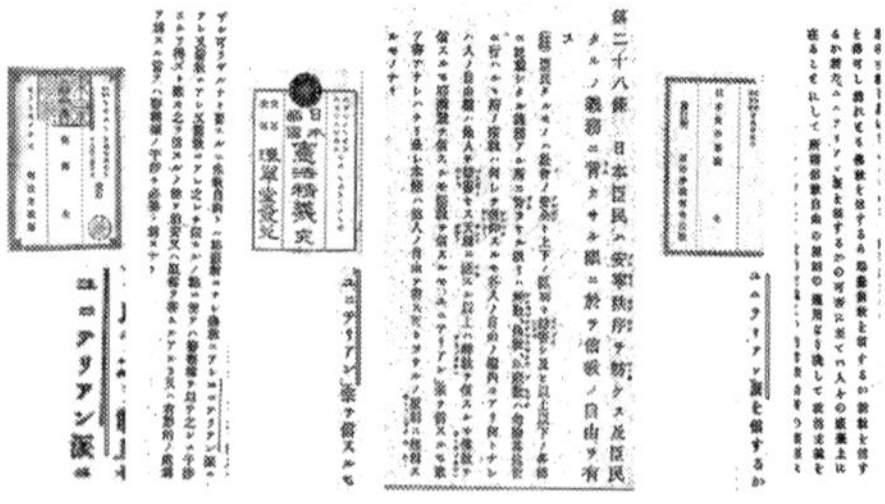

コメンタールのユニテリアン

著述に、第28条の解説に「ユニタリアン」という固有名詞が明記されています。
例えば、1890年(明治23)の『日本政治要論』(1890、政治学講習会)。

天の摂理に適する以上は神教(神道)を信ずるも、仏教を信ずるも、耶蘇教を信ずるも儒学を信ずるも「ユニテリアン宗」を信ずるも、敢えて害なければなり、

同年の「警察監獄学精義」。

宗教の自由とは耶蘇教にあれ仏教にあれ、ユニテリアン派にあれ、またまた儒教にあれ旧教にあれ、これを信じるの天に至っては、警察権を以てこれに干渉するを得ず

前年の憲法公布1889年(明治22)の「日本帝国憲法精義」。

仏教・耶蘇教・ユニテリアン、吾人(われわれ)は何を取るもその自由なり、

ユニテリアンが仏教・正統派キリスト教とならぶ三大宗教のように扱われています。大日本帝国憲法制定当時、この記述が不自然に感じられないくらいユニテリアンが日本社会に知られていたのでなければ、「信教の自由」を説明するときの一種の

フォーマットが——公的に——用意されていたと考えるしかありません。

5. 先行する『マホメット伝』

ここであらためて本発表の目的とした最初の地点、つまり1883年（明治16）に出版された『火教大意』の執筆意図に戻ります。

結論的には、『火教大意』のねらいは、ゾロアスター教の紹介というよりは、政府の動きを先取りして、キリスト教ユニテリアンがキリスト教以外の宗教をどう扱っているか、言い換えればユニテリアンの宗教寛容性の紹介に主眼が置かれたものと言えます。

このことと関わって、『火教大意』に先行するエピソードがあります。1876年（明治9）発行の『馬哈黙伝』（マホメット伝）、やはり林董の訳書です。

明治初期の宗教政策に深く関わった浄土真宗の僧侶・島地黙雷の依頼によるものですが、原書は途轍もない本です。サブタイトルは「マホメットの生涯で露わになる詐欺師の正体」。どこかの国の週刊誌のように煽情的ですが、その内容はこの文言が慎み深いと感じられるほどイスラームとムハンマドへの激しい罵倒で終始しています。念の入ったことに「固有名詞はアラビア語に忠実に表記したが、この詐欺師の名前だけは敢えて下品な表記をした」との注記まで入っていて、その理由は「この男には、それがお似合いだからだ」と吐き捨てています。

著者は英国国教会の高名な聖職者で、がちがちの三位一体論者でした。この本の

『馬哈黙伝』原著と著者

目的はムハンマドと同様に神の唯一性を主張し三位一体論を否定する、ユニテリアンたち異端のキリスト教徒の排撃でした。島地がこれを読みたいと思った理由は不明です。当時、政府の岩倉使節団とタイアップしたヨーロッパ宗教事情の視察途上にあり、ロンドンで翻訳を頼まれた林も、岩倉使節団の一員でした。島地の気まぐれや酔狂とは思えません。

6. 林の附録

さて問題はここからで、林は翻訳した『馬哈黙伝』に頼まれてもいない「附録」をつけました。『火教大意』と同じクラークの『Ten Great Religions』からの引用、こちらは――イスラームへの好意的な――第11章（「イスラム教」）のほぼ全訳です。

島地からの翻訳依頼は1872年（明治5）、『Ten Great Religions』が発行された年です。6章までは雑誌連載記事の再録ですが、附録の第11章は書き下ろしですから、林は福沢や政府要人のはるか以前に、ユニテリアンの他宗教への――この場合はイスラームへの英国国教会聖職者の排他的な姿勢とは対照的な――寛容さに注目していたのです。

この『馬哈黙伝』の附録からも、林が日本の宗教の一つの理想モデルがユニテリアン主義だと考えていたことは間違いありませんが、ユニテリアンとの出会いの時期は不明です。林のキャリアからすると、明治4年岩倉使節団の通訳として、アメリカに渡ったとき、つまり新刊『Ten Great Religions』を目にできた時期の可能性

ジョージ・ピーボディ（ブリタニカ）

ジャムセトジー・ジジーボイ（記念切手）

が高いと思われます。ユニテリアン——ひょっとするとクラーク本人——から本書を示されたのかもしれません。このあたりの解明が『火教大意』の執筆意図を明確にする上でも一つのポイントだと思っています。

1883年（明治16）年の『火教大意』が、日本の宗教政策の節目となる時期にあって、ユニテリアンを強く意識して刊行されたことは疑えませんが、一方、なぜ10大宗教の中から他ならぬゾロアスター教が選ばれたのでしょうか。

7．奇妙な省略

実は『火教大意』には奇妙な省略があって、ゾロアスター教とキリスト教の道徳観念を比較するところで、インドのゾロアスター教徒（パールスィー）・ジャムセトジー・ジジーボイが、社会に多額の寄付をした立志伝中の篤志家として登場します。ところが、原本では並んで挙げられているジョージ・ピーボディが省略されているのです。ピーボディは、「近代フィロンスロピーの父」と称されている有名人ですから、ゾロアスター教とキリスト教の道徳観念を比較する文脈上、原文の「ジョージ・ピーボディが登場するまで、ジジーボイのような社会貢献者はいなかった」は省略できないはずです。

さらに言えば、このピーボディもユニテリアンなのです。だからこそ原著でも言及されているのでしょう。ところが訳者・林董は、ユニテリアンをフィーチャーさせようとする本で、ユニテリアンの篤志家・ピーボディ——の道徳性——を覆い隠すように省略し、結果としてインドのパールスィー——の道徳性——だけをクローズアップしたのです。

政治外交家・林董は日本の信仰の自由を考えるには、何よりゾロアスター教に踏み込んでいく必要があるとは考えたとしか思えません。そのような林の真意については、次の課題にしたいと思います。

以上で発表終わります。

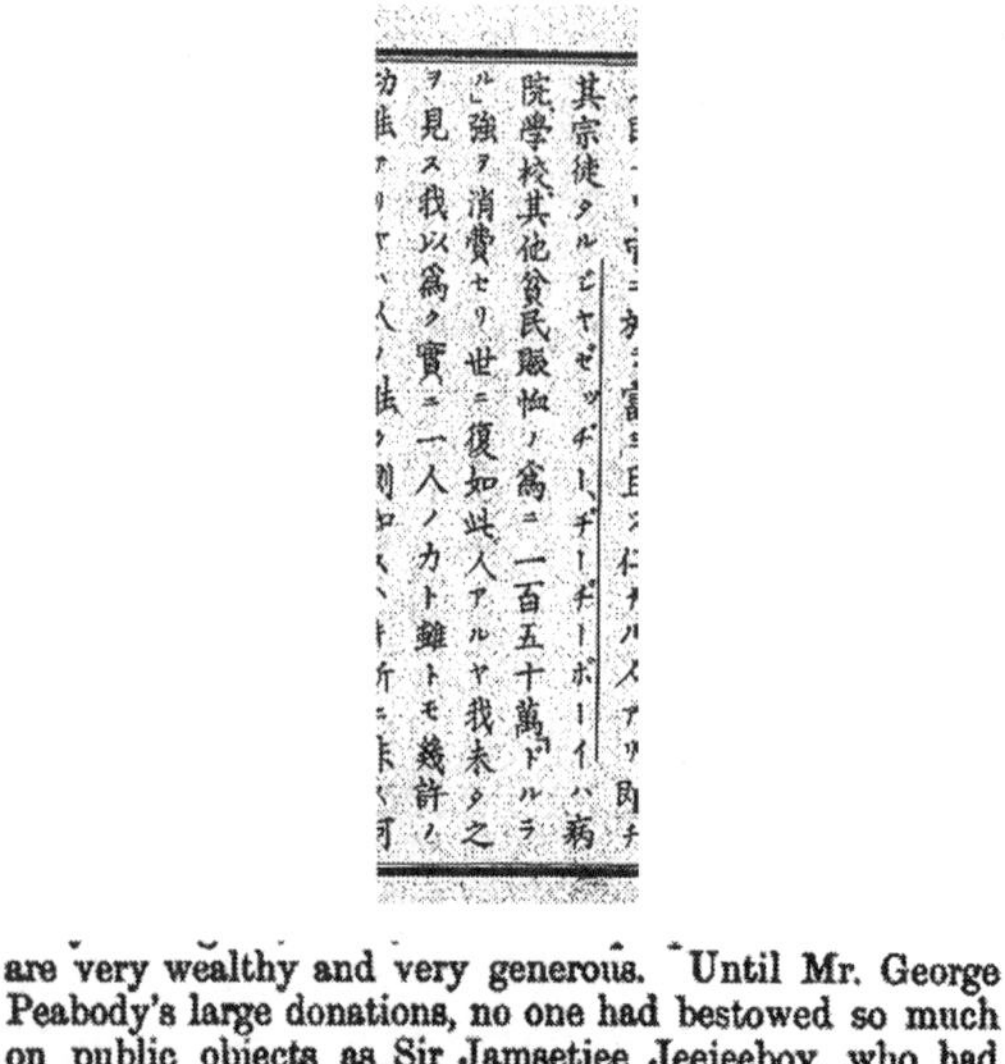
其宗徒タルジヤゼツチー、ヂーヂーボーイハ病
院、學校其他貧民賑恤ノ爲ニ一百五十萬「ドルラ
ル」強ヲ消費セリ世ニ復如此人アルヤ我未タ之
ヲ見ス我以爲ク實ニ一人ノカト雖トモ幾許ノ

are very wealthy and very generous. Until Mr. George Peabody's large donations, no one had bestowed so much on public objects as Sir Jamsetjee Jeejeeboy, who had given to hospitals, schools, and charities, some years since, a million and a half of dollars. During our Rebellion,

奇妙な省略

Ⅲ・ディスカッション

ゾロアスター教の本質と変化、波及について

《出席者》

キャミラ・マジュルーノヴァ	Kamila Majlunova
キアヌーシュ・レザーニヤー	Kianoosh Rezania
パルヴェーズ・バジャーン	Parvez Minocher Bajan
ダラユス・バジャーン	Darayus Bajan
青木　健	Takeshi Aoki
中島敬介（ナビゲーター）	Keisuke Nakajima

問題提起

中島：1973年から翌年にかけて、推理作家・松本清張さんの「火の回路」が朝日新聞に連載され、1975年には『火の路』と改題の上、単行本として出版されました。奈良県明日香村の石造遺跡・酒船石をゾロアスター教の祭式と結びつけるなど、ペルシア国教のゾロアスター教が飛鳥時代の奈良に伝来していたというセンセーショナルな内容で、大きな話題を呼びました。

連載前年の1972年には、明日香村の高松塚石室内で彩色壁画が発見されました。この「戦後最大の発見」によって、空前の考古学ブーム、飛鳥(明日香)ブームが沸き起こっていました。これに「火の回路」の話題性が重なって、ゾロアスター教の名は一気に日本人の多くが知るものとなりました。

ただ幸か不幸か、同じ時期、ノストラダムスの大予言とか超能力者ユリ・ゲラーの出現といったオカルティックなブームも起こっていました。さらに全国各地でツチノコという未確認生物も大きな話題になっていました。ゾロアスター教も、そのようなやや浮ついた動きと連動したかたちで捉えられていたことは、否めません。

専門の学者さんからも、ゾロアスター教に似た宗教関連の儀式の指摘があり、単語や言葉の類似したものも複数見いだされました。しかし考古学上の物的証拠の発見には到らず、いつの間にかブームは消え、ゾロアスター教への関心も薄れていきました。

問題は、ゾロアスター教がただ霧のように跡形もなく消えたわけではない、ということです。同時期のユリ・ゲラーの「スプーン曲げ」と同じように、ゾロアスター教のある特徴的な要素だけが、深く私たちの印象に刻み込まれてしまいました。

ペルシアの国教であったとか。火を崇める儀式が行われるとか。善と悪との戦いとか……。

いずれをとっても古い時代の他国の話。アラジンの魔法のランプやシンドバッドの冒険物語に近い、お伽話の中の宗教に感じられてしまいます。さもなければ、ディズニー映画の『インディ・ジョーンズ』に出てきそうな、呪文を吐き散らす「邪教」のイメージ。

今回3つの地域――創唱者・ザラスシュトラの生地とされるパミール高原、国教となったイラン、そして現在最大の集住地となっているインド――のゾロアスター関連のお祭りを見ましたが、少なくと私たち日本人がステレオタイプとして持つ「ゾロアスター教」のイメージとは、違っていたと思います。ゾロアスター教の本質と変容について考えてみたいと思います。

意見交換

キアヌーシュ：3つの祭式の共通要素は、明らかに「火」です。一方、違っている点もいくつか見いだせました。第一に「神官」の有無です。パミール高原の場合はコミュニティの行事で、イランとインドの場合は神官が執行する行事にコミュニティの人たちが参加するパターンでした。バジャーン師に特別にお願いされた「ボイ(Boi)」の祭式は、神官だけの執行でした。この「火」には一般の人は触れることができません。「火」はゾロアスター教の本質ではあるものの、その神聖度においては、さまざまなレベルがあるということです。（注：ペルシア語のボーイは「芳香」を意味する。）

また、宗教が社会の変化に影響されるのは当然です。文化・政治・医学・科学あるいはスポーツなどからも影響を受けて、宗教はダイナミックに変化します。儀礼は宗教の要素の中では保守性の高い部類に入りますが、それでも変化を免れることはできないと思います。

キャミラ：ビデオでご紹介した行事は、新年をお祝いするお祭りの一環として行われます。お祭り当日に火の上を飛ぶ「アロブパラクalovparak」などのほかにも、準備の時の浄化の儀式にも火が用いられます。どちらも古代のゾロアスター教の文化に由来しています。

最後のところで触れたバダフシャーン（タジキスタン）の葬儀にも、古い時代のゾロアスター教の儀式が反映され、火が用いられています。古代

のバダフシャーンの宗教はゾロアスター教でした。12世紀にイスラームが入ってきて、以後その宗教の祭儀が実践されるようになりました。しかし、その祭儀の中で古代以来のゾロアスター教の儀式も行われている。これが宗教というものだと思います。

P.バジャーン：神官の立場で言えば、イランとインドの儀礼では、国や地域の違いから生じる細かな作法の違いが見られます。しかしゾロアスター教の儀式である以上、基本は同じです。どのような儀礼であれ、常に「火」が用いられます。火はアフラ・マズダーの代理と考えられているからです。ゾロアスター教徒がイランからインドに移っても、その伝統は崩れていません。

　それぞれの国にはぞれぞれの文化があります。そのような中にあっても、宗教は信じる人がいる限り、本質を変えたり消したりするものではありません。

D.バジャーン：パールスィーにとって、アフラ・マズダーを信仰し、その教えを守ることは「実践」です。生活の一部です。私たちにとって、宗教の本質は「実践」です。

青木：パミール高原の古習や葬送儀礼の場合、イスラームをクルアーンという書物中心宗教、ゾロアスター教を拝火儀礼中心の宗教と考えると、どちらとも衝突しない精神性の高い部分が共有されたのではないかと思います。

中島：今回はパミール高原からペルシア・インドへの南西方向の移動を追いまし

たが、東方に移動した「祆教」と呼ばれるゾロアスター教もありました。奈良や日本との関わりも視野に入れたとき、今のご指摘はどう敷衍できるでしょうか。

青木：パミール高原での新年の行事は、ゾロアスター教の「ハマスパスマエーダヤ」という祝祭に由来していますが、宗教色は消え、住民だけで執り行われていました。バダフシャーン（タジキスタン）の葬儀もイスラームの枠組みの中に、拝火の儀礼が埋め込まれていました。

　大陸を通過するゾロアスター教の波及は、このパターンではないかと思います。上部構造は仏教その他の宗教になっていたとしても、それとはコンフリクトを起こさない下部構造。つまりゾロアスター教のリチュアル（儀礼的）な部分が、日本に到達している可能性はあると思っています。

中島：最後にダラユス・バジャーンさんにお訊きしたいと思います。ゾロアスター教の究極のミッション、最終目的はなんですか。

D.バジャーン：ゾロアスター教の真の目的は、人に「希望」を与えることです。弱った人々の心に「光」を与えることです。私たち信徒だけでなく、この世の全ての人々に。

総括――あとがきに代えて――

中島：今回、タジキスタン、イラン、インドの方々に動画の提供を求めるにあたって、特別な注文はつけていません。ただ「ゾロアスター教に関連する儀式」とお願いしただけです。そうして集まった3つは、すべて日常生活の中で行われる儀式でした。

私たちが「ゾロアスター教」と聞いて、ふつうにイメージするのは、大きな拝火杯に向かって火を焚く特徴的な宗教セレモニー。動画の後、バジャーンさんに特別に実演していただいた「ボイ（BOI）」のような儀式です。

しかし、これは神官が宗教施設（ゾロアスター教寺院）の中で執り行う祭式で、一般の人は参加できない、言うなれば「特別」な行事でした。ゾロアスター教の儀式として、一般に普及・定着してきたのは、パミール高原でもイランでもインドでも、動画で見たような「日常」の儀式の方だったのです。当然といえば当然なのでしょうが、これは私にとって、今回の大きな「発見」でした。

たしかに、ゾロアスター教発祥の地とされるパミール高原の古いお祭りと、イランやインドの儀式とでは、外形上、大きな違いがありました。前者はむしろ――時期的にも――日本の「とんど」や「どんど」、あるいは左義長と呼ばれる行事に近いようにも感じられました。そして、同じゾロアスター教とはっきりわかっているイランとインドの儀式でも、カジュアルな人の集いに重点が置かれたものと、儀式の作法が大切にされているものといった違いが見て取れました。

日常の営みなればこそ、標高の高い高原、砂漠のように乾燥したイラン、高温で湿潤なインドとでは、風土や環境の影響を受け、大きな変容を遂げたことは、想像に難くありません。

しかし、そのような違いの一方で、ゾロアスター教の根本原理である、唯一神（アフラ・マズダー）の信仰や、「火」を通して神と人とが繋がるという基本コンセプトは、しっかり保持されていました。見た目や外形が変わっても、その本質は不変だと言うことです。

さて、以上のように「奈良でゾロアスター教」を見た観点から、あらためて「奈良でゾロアスター教」を考えてみましょう。

かりに（もちろん、かりにです）、古代の奈良にゾロアスター教が伝来していたとすれば、１９７０年代に推理されたような、ペルシア中心地からの航空直行便ではなく、パミール高原（中央アジア）から、中国経由で東進するキャラバン隊のような地上便でやってきたと考えられます。

今回見た、南西方向への１５００年・２０００キロよりも遥かに長く遠い旅路です。さらには何よりも、行く手には中国という巨大な世界帝国が聳え立ち、中華思想という文化・風土の分厚い壁が立ちはだかっていました。そよ風の吹くイラン高原の移動（波及）とは桁違いのフリクションがあったはずです。ある要素は行く手を阻まれ、別の要素は木っ端微塵に粉砕され、また別のときには四分五裂された挙げ句、異なる要素と混ぜ合わされ、原型をとどめない状態で列島に漂着したかもしれません。国内にお

いても、古来の神道や先着の仏教・儒教・道教が無条件に許容したはずもなく、強い干渉を受けたことでしょう。

かりに(もちろん、かりにです)、今日ゾロアスター教的な「もの」が残っていたとしても、外形上は、きわめて大きな――そして深刻な――変容を遂げていると考えられます。

そういう意味からすると、従来のようなよく似た宗教儀式を探したり、単語レベルの類似性を求めても――あるいは考古学上の発見に期待しても――それほど大きな成果は期待できないことになります。

あらためてゾロアスター教の本質、つまり人格を持った最高神を唯一の対象として尊崇すること、その神との交信に「火」を用いること、そしてなによりもそのような信仰が持つ意味、その精神性を追いかけたいと思います。

追跡の手がかりは、ディスカッションの最後にバジャーンさんの息子さんがおっしゃった、ゾロアスター教の真の目的です。それは、簡単に要約すれば、

弱った人々の心に『光』を与えること

これは、実は2015年の最初のフォーラムの時に、お父さんの方のバジャーン(P.バジャーン)さんがおっしゃった言葉と全く同じです。この

ときバジャーンさんは中世ペルシア語の文献を引用されました。

善は天から降り来たるものかも知れず、或いは地より湧き出ずるものかも知れぬ

この言葉は「知れぬ」という推測で終わっていて、結びがありません。結びは私たちの解釈と覚悟に委ねられています。私は、こう思います。この言葉は「しかし」という接続詞でつながって、

善は本来、天と地の間に生きる私たち人間の努力でなされるべきだ

その精神性の痕跡は、この奈良で必ず見つかると信じて、奈良に残った習俗や文物から探し続けていきたいと思います。

最後までお付き合いいただき、ありがとうございました。また、機会があれば、みなさんとお会いできるのを楽しみにしています。

おまけ――中国・胡人のゾロアスター教――「祆教」

ザラスシュトラの故地・パミール高原近くの住人のうち、ソグド人と称される人々は4～5世紀以降「シルクロード」の商業民として活躍する。唐に入ったソグド人は「胡人」と呼ばれ――「安史の乱」（755）の安禄山や史思明のように――政治・経済の両面で社会進出する。その胡人の宗教も「ゾロアスター教」であったが、主に本書で扱った南下・西進したゾロアスター教との関連は不詳である。インド・イラン人古来の伝統的信仰が、後にゾロアスター教（Zoroastrianism）と習合したかもしれないし、ザラスシュトラ創唱の教義（Zarathushtranism）が、原初のまま維持されていたかもしれない。

一方、7世紀の半ば、サーサーン朝最後の皇帝は、イスラームの猛攻に耐えきれず、ゾロアスター教の「聖火」を抱えてペルシアを脱出した。皇帝は途中で暗殺されるが、同行した家族（息子）・廷臣たちは中国・長安に亡命し、これまた「胡人」と呼ばれた。こちらのゾロアスター教は、当然サーサーン朝国教のそれである。

さて、中国に入ったゾロアスター教は、一般に「祆教《けんきょう》」と呼ばれ、8世紀の大唐帝国では胡人のエキゾチシズムが「胡風」などと呼ばれて大流行した。正倉院宝物からも窺い知れるように、日本にもその文物――衣装や意匠――は唐文化としてもたらされている。これらに祆教の要素が混じっていなかったはずがない。

では、上記どちらの胡人のゾロアスター教――「祆教」――が、より色濃く日本に入ってきていたのだろうか。

……

（編集責任者　中島敬介）

ちょっと、おもしろそう。

キャミラ・マジュルノーヴァ（MAJLUNOVA, Kamila）

タジキスタン／国立古代博物館職員

1987年生まれ。タジキスタン・ゴルノ・バダフシャーン州出身。2013年タジキスタン共和国国立大学社会学部卒業。主な著書・論文は『バダフシャーンにおける学問的科学の発展史』（ロシア語）など。

サルワル・タラポーレワーラー（TARAPOREVALA, Sarvar）

イラン／ゾロアスター教女性神官　補佐司教

1980年生まれ。イラン・シーラーズ出身。ハージェ・ナスィールッディーン・トゥースィー工科大学（イラン）卒業。修士号（化学）を取得。また、人文科学文化研究所（イラン）で修士号（古代言語）を取得。二児の母親で、自動車会社でプロジェクトマネージャーとして勤務。また、2012年にゾロアスター教神官の資格を取得し、ゾロアスター教祭式に携わるほか、講演や記事の執筆など精力的に活動。

パルヴェーズ・バジャーン(BAJAN, Parvez Minocher)

インド／ムンバイ神学校教授、ゾロアスター教神官

1949年生まれ。インド・ムンバイ出身。アソーナン・マンダル神学校(ムンバイ)教授。博士(哲学)。伝統的なゾロアスター教神官の家系に生まれ、幼少時から宗教活動に従事する。ムンバイ大学(国際法・刑法)卒業後、一時インドユニオン銀行に勤務。復学して古代イラン語を修め、『アヴェスター』及びパフラヴィー語(中世イラン語)の研究で博士号を取得。主な論文は「古代イラン文化の概要」など。

ダラユス・バジャーン(BAJAN, Darayus)

インド／ゾロアスター教神官

1975年生まれ。インド・ムンバイ出身。パルヴェーズ・バジャーン氏のご子息。現在は会社員の旁ら、ムンバイのゾロアスター教拝火寺院で神官修行中。

青木健(あおき・たけし)

日本／静岡文化芸術大学文化・芸術研究センター教授

1972年生まれ。東京大学文学部イスラム学科卒業後、同大学大学院人文社会系研究科アジア文化専攻博士課程修了。博士(文学)。日本学術振興会特別

研究員、慶應義塾大学言語文化研究所研究員を経て2017年から現職。専門は、ゾロアスター教研究、古代イラン研究。『ゾロアスター教史』(刀水書房、2008)、『ゾロアスター教ズルヴァーン主義研究』(刀水書房、2012)など著書、論文多数。

キアヌーシュ・レザーニヤー(REZANIA, Kianoosh)

ドイツ/ルール大学ボーフム教授

1972年生まれ。イラン・ファールス州出身。博士(イラン学)。テヘラン工科大学卒業後、ゲッティンゲン大学(ドイツ)で博士号を取得。2017年から現職。専門は、古代イラン文化・言語学、ゾロアスター教祭式研究。ヨーロッパ主要6大学共同による『アヴェスター』デジタル化プロジェクト、ハーバード大学他の「初期ゾロアスター教の思想空間」研究等に参加。『初期ゾロアスター教の世界観・文化・社会環境』(ドイツ語)他、著書・論文多数。

張小貴(ZHANG, Xiaogui)

中国/暨南大学教授

1978年生まれ。中国・山東省出身。2000年北京師範大学卒業。2003年中山大学文学修士取得、2006年同博士号取得後、暨南大学准教授となり、

2015年から現職。また、2010年から一年間、ロンドン大学東洋アフリカ研究学院客員研究員に就任。専門は、古代中国とイランとの関係。著書に『中古華化祆教考述』、『祆教史考論与述評』など。

中島敬介（なかじま・けいすけ）

奈良県立大学ユーラシア研究センター特任准教授、副センター長

1956年生まれ。2017年から現職。主な著作に「『勅語玄義』に見る奇妙なナショナリズム」東洋大学 井上円了研究センター編『論集 井上円了』（2019）教育評論社、「地域経営の視点から見た『平城遷都一三〇〇年祭』」『都市問題研究』第60巻11号（2008）、「もう一つの観光資源論」『日本観光研究学会研究発表論文集No. 29』（2014）、「井上円了の国家構想」『東洋大学井上円了研究センター年報vol. 26』（2018）、「南貞助論――日本の近代観光政策を発明した男」『日本観光研究学会研究発表論文集No. 34』（2019）など。

奈良県立大学ユーラシア研究センター学術叢書シリーズ3
vol. 4　奈良でゾロアスター教

2024年3月31日　初版第一刷発行

編　著　者：奈良県立大学ユーラシア研究センター
責任編集者：中島敬介（ユーラシア研究センター特任准教授・副センター長）

発　行　所：京阪奈情報教育出版株式会社
〒630-8325
奈良市西木辻町139番地の6
URL：http://narahon.com/　Tel：0742-94-4567
印　　　刷：共同プリント株式会社

ISBN978-4-87806-835-5